斑马書房
BOOKS LIFE

我 思 故 我 在

降维沟通

何圣君 著

文化发展出版社
Cultural Development Press
·北京·

图书在版编目（CIP）数据

降维沟通 / 何圣君著. —— 北京：文化发展出版社，2023.6
ISBN 978-7-5142-3993-5

Ⅰ.①降… Ⅱ.①何… Ⅲ.①人际关系-通俗读物 Ⅳ.①C912.11-49

中国国家版本馆CIP数据核字(2023)第109284号

降维沟通

著　　者：何圣君

出 版 人：宋　娜　　　　　　责任印制：杨　骏
责任编辑：孙豆豆　　　　　　责任校对：岳智勇　马　瑶
策划编辑：刘惠林　　　　　　封面设计：鬼　鬼
出版发行：文化发展出版社（北京市翠微路2号 邮编：100036）
网　　址：www.wenhuafazhan.com
经　　销：全国新华书店
印　　刷：天津旭非印刷有限公司

开　　本：880mm×1230mm　1/32
字　　数：158千字
印　　张：9
版　　次：2023年6月第1版
印　　次：2023年6月第1次印刷

定　　价：49.80元
ＩＳＢＮ：978-7-5142-3993-5

◆ 如有印装质量问题，请电话联系：010-68567015

前言

多一个认知维度，多一层沟通优势

曾经有一位知名媒体人在一篇文章中写道："我的爱人喜欢唠叨。"友人听后，向他建议："倘若太太抱怨，报以一个轻轻的微笑，这不仅是情绪更稳定的体现，还说明自己的思想维度较高，相当于是一次降维沟通。"根据这个说法，该媒体人发现，原来自己经常在对太太进行降维沟通。

什么是降维沟通？在解释该概念前，我们需要先来理解什么是维度？什么又是降维？

维度

维度，又称维数，它不仅是数学中独立参数的数目，在物理或哲学领域中，维度还是时空坐标的数目。

我们都知道三维，可有没有四维呢？如果你看过影片《星际穿越》，可能就会对四维有一定认知：男主角落入了四维空间中，他可以穿越时间，一会儿看到女儿小时候，一会儿又看到女儿长大成人的样子，还可以通过摩斯电码来传输信息，干预历史的进程。没错，第四维就是时间。四维以时间为线，贯穿着整个三维世界。

四维之上还有五维、六维、七维……吗？事实上，时空维数最多可以达到十一维。不过，这些理论过于晦涩难懂，而且也并不是本书想要讨论的主要内容。

降维

现在我们理解了维度，那什么又是降维呢？从数理上来讲，降维就是把N维变成K维的过程，K要小于N。

我们还是以《星际穿越》中的男主角来举例，如果他在四维空间中，在某一个时间点进入其中，那么他就从四维降维到了三维，可以用在四维世界中已经了解的未来认知干预三维世界的过去，改变未来。比如，我们可以假设，一张展开的A4纸是二维世界，而一只在A4纸上爬行的蚂蚁可以被认为是二维生物，当你把A4纸的一条边与另一条边对齐，用胶带粘连，使之变成一个三维世界中的圆柱体，让蚂蚁在圆柱体的表面不断前行，蚂蚁以为它走在平面上，却不知道自己实际上在绕圈，就算爬得筋疲力竭，也依然爬不出这个被三维世界的人类操控的二维世界。

很显然，高维可以影响低维，因为高维更有信息和认知优势，因此，在沟通中，我们也要设法先升维，继而才能与沟通对象进行降维沟通。

降维沟通与六大维度

现在，我们对维度与降维都有了一定的了解，下面我们正式开始介绍什么是降维沟通。

所谓降维沟通，是指沟通的双方由于本身的维度层次不同，维度更高的人通过主动降低自身维度，与维度更低的对话者进行有效沟通的一种方式。

从低维对话者的视角看来，与自己沟通的人简直就是知音，不仅十分懂自己，而且似乎处处站在自己的立场上考虑问题，与眼前对话者的沟通体验简直如沐春风。

你可能会很好奇，所谓高维沟通者到底高在哪些维度？如果要去升维，我们又该从哪些方向来入手，以实现升维呢？事实上，从沟通的角度来讲，成为一个高维沟通者通常可以在六个维度修炼自己的功力。

维度一，倾听维度。

美国著名人际关系学大师戴尔·卡耐基曾表示，在他人心目中，卡耐基是一个不折不扣的沟通高手，不过事实上，他只是擅长倾听，愿意听别人吐露自己的心声而已。

倾听不同于听见，两者有很大的区别。普通沟通者表面上好像听见了对方的沟通内容，其实他们只是暂时在让对方说话而已，因为普通沟通者心里正在打着腹稿，准备一会儿等对方说话暂时告一段落时，马上把自己想说的话一股脑儿倒给对方。

而善于倾听的高维沟通者，不仅懂得闭上自己的嘴，去用心倾听别人想要表达什么，而且在倾听维度上刻意练习过的人还会去设法倾听自己的内心，会特别关注他自己在倾听时的情绪变化；倾听谈话的气氛，继而做出更有效的反馈；倾听对方语言中的意图，真正实现所谓的听话听音。

维度二，观察维度。

观察是在用眼睛沟通。试想一下，你会和一个戴着耳机、听着摇滚的人喋喋不休地沟通，并且还期待取得良好的结果吗？缺少观察维度的沟通者，就好像看不见对方耳朵上戴着的耳机，只管自顾自地在那里掏心掏肺地讲道理一样。

在观察维度上有高维特征的沟通者，可以通过洞察对方的微表情、肢体动作大致判断对方目前的情绪状态，自己讲的话对方可能听进去了多少，是否有排斥感；观察者还可以用预判对方性格特征的方式来调整自己的互动风格，用对方更喜闻乐见、更容易接受的方式进行互动；除此之外，观察者甚至还能很快地了解一个人的认知思维处于什么层次，从而决定说什么、不说什么、怎么说；最后，观察者不仅会听别人说了什么，而且还会通过观察别人真正的内心想法，验证对方是否说一套做一套。

维度三，感知维度。

观察用的是眼睛，感知用的则是心。在感知维度，一个高维沟通者会熟练地启动自己的"第三只眼"，通过这只代表心灵的眼睛，设身处地地对他人的情绪进行感知，来感受对方目前的状态、可能的想法、大概的诉求，从而做出更得体、更有效的应答，提出更符合彼此利益的解决方案。

同时高维沟通者还会在整个沟通过程中时不时地启动感知—表达链路来判断应该在哪些关键节点上下功夫，继而把感知到的信息转化成对我们的表达有帮助的素材。更厉害的是，高维沟通者在必要的时候会通过增加自我袒露，告诉对方一些自己童年时的糗事或曾经的高光时刻、至暗时刻，来拉近沟通对象与自己之间的心理距离。

维度四，提问维度。

为了达成沟通目标，高维沟通者在提问这件事上也是个高手。他们的提问从来都不是空穴来风，而是充满技巧、直指要害。比如高维沟通者会通过润物细无声的挖掘式沟通帮你一起去获得存在于你脑海中但尚未整理明白的信息；他还会通过选择式沟通让你觉得某个他期望的回答是出于你自己的主观意愿；高维沟通者甚至还能通过启发式提问，让你在一次次问答中充满获得感。

维度五，思考维度。

高维沟通者通常在与他人发起一场重要沟通之前，会先做好功课，思考好策略，做好各种推演，以求提高达成共识的概率；同时，他们在冲突中还能清晰地分辨每一方的利益，找出关键人，聚焦共同目标。

除此之外，高维沟通者通过使用模型思维，一眼就能洞察本质，在一次失败的沟通发生后，能分析出到底失败在哪里。启动复盘程序，通过从什么不必再做，什么可以继续，什么以前没做过但可以开始尝试等角度进行分析，来安排接下来的沟通行动。

维度六，表达维度。

是的，真正的高维沟通者到第六个维度才开始对外输出表达。不仅如此，高维沟通者的表达还充满技巧。他们懂得在适当的场景中用坚定的表达给他人以信心，从而获得尊敬；通过结构化表达，清晰地传递自己想要表达的态度和信息；使用表达技巧让自己在沟通场景中游刃有余，表达得体，避免尴尬；利用金句，让表达变得更加出彩。以上这些，都是高维沟通者秘而不宣的武器。

所以你看，多一个认知维度，你是不是就能在沟通中多一层沟通优势？是的，无论是倾听、观察、感知、提问、思考还是表达，它们都可能让你获得更多信息优势，做好更多准备，让你"以有备战无备，先求胜而后求战"。

最后，你希望熟练掌握以上六大沟通维度，成为一个高维沟通者，随时随地进行降维沟通吗？

如果你已经做好了准备，那么我们即将开始本次沟通升维之旅，我将带你一起针对这些维度进行刻意修炼，让你在每一场关键沟通中设法获得沟通中的主导权，继而达成你想要的结果。

好，让我们这就出发吧，一起有策略地成为更好的自己！

目 录 CONTENTS

Part 01 第一章 | 维度一：倾听修炼　001

倾听自己：倾听的境界　003
抢着发言的三个坏处　003
怎样才能有效倾听　006

倾听对方：四大抓手　011
沟通的时机　011
倾听对方的四大抓手　012

倾听气氛：从"倾听气氛"到"改变气氛"　018

综合倾听：怎样实现听话听音　025
高语境 VS 低语境　025
综合倾听中的四要素　027
综合倾听四步走　031

Part 02 第二章 | 维度二：观察修炼　　　035

微表情：判断真实　　　037
　　嘴唇的秘密　　　037
　　手会告诉你　　　040
　　腿脚的语义　　　042

人物性格：不同的性格特征　　　044
　　工具一：DISC 模型　　　045
　　工具二：MBTI 模型　　　048

人物思维：看透认知层次　　　052
　　NLP 思维的下三层　　　053
　　NLP 思维的上三层　　　055

观察入微：洞察他人的真实意图　　　059
　　冰山之下的内核　　　059
　　四个方法学会洞察：VABE　　　061

Part 03 第三章 | 维度三：感知修炼　　　067

同理心：设身处地理解他人　　　069
　　先天同理心　　　070

　　　　修炼后天同理心　　　　　　　　　　　　　　070

感知—表达链路：从感知到有效表达　　　　075
　　　　感知—表达链路中的四个"小人儿"　　075
　　　　感知—表达链路中的失效分析　　　　077

信任感：拉近心理距离　　　　　　　　　　　082
　　　　方法一：建立职场中的关系　　　　　084
　　　　方法二：裸心表达　　　　　　　　　085
　　　　方法三：善用"个人沟通说明书"　　　087

Part 04 第四章 维度四：提问修炼　　　　089

挖掘式提问：深挖有价值的信息　　　　　　091
　　　　范式一：量化式挖掘　　　　　　　　091
　　　　范式二：投射式挖掘　　　　　　　　092
　　　　范式三：追问式挖掘　　　　　　　　094
　　　　范式四：假设式挖掘　　　　　　　　096

选择式提问：引导想要的答案　　　　　　　098
　　　　选择式提问的优势　　　　　　　　　098
　　　　选择式提问两步走　　　　　　　　　101
　　　　三个注意事项　　　　　　　　　　　103

启发式提问：有所收获的问答　　　104
　　框架一：GPS-A 框架　　　105
　　框架二：SIGN 模型框架　　　107
　　框架三：OKR 模型　　　109

Part 05 第五章 | 维度五：思考修炼　　　113

先胜后战：重要沟通前的准备　　　115
　　第一步：搜集信息　　　116
　　第二步：分析本质　　　117
　　第三步：准备方案　　　118
　　第四步：准备文稿　　　119
　　第五步：平常心　　　121

解决冲突：有效沟通的关键　　　122
　　第一个关键：厘清利益链条　　　123
　　第二个关键：找到"关键人"　　　125
　　第三个关键：聚焦共同目标　　　127

模型思维：看透本质　　　130
　　第一个模型："五个为什么"　　　130
　　第二个模型：5W1H　　　133
　　第三个模型：人类动机模型　　　135

沟通复盘：四个步骤　　　　　　　　　　138
　　沟通复盘四步法　　　　　　　　　　138
　　你还需要知道的四个技巧　　　　　　143

Part 06 第六章 | 维度六：表达修炼　　　147

坚定表达：三种精练表达　　　　　　　　149
　　第一种方式：一针见血　　　　　　　149
　　第二种方式：提出标准　　　　　　　152
　　第三种方式：温柔坚定　　　　　　　154

结构表达：三个范式让你的表达清晰　　　156
　　范式一：逻辑严密的"论证类比"　　157
　　范式二：会讲故事的"SCQA"　　　159
　　范式三：Why-What-How　　　　　　161

表达技巧：让表达游刃有余　　　　　　　164
　　套路一：话语软垫　　　　　　　　　164
　　套路二：先进后退　　　　　　　　　166
　　套路三：未来策略　　　　　　　　　168

得体表达：避免尴尬　　　　　　　　　　170
　　第一方面：分寸感　　　　　　　　　170
　　第二方面：与时俱进的认知　　　　　172

第三方面：语言技巧 175

金句表达：让表达更出彩 178
　　"金句"——表达的关键要素 178
　　生产金句的三种范式 179

Part 07 第七章 | 九大场景的沟通心法　187

心法：为什么目标至上是降维沟通最大的奥秘 189
　　闲谈与闲谈的目标 189
　　九大沟通场景的目标 190

闲谈：你以前是不是用错了力 195
　　第一个角色：观察 + 提问 = 冷读和热捧者　195
　　第二个角色：倾听 + 感知 + 表达 =
　　　　　　　　有技巧的共情者　198
　　第三个角色：提问 + 观察 + 表达 =
　　　　　　　　有趣的人格分析者　200

谈判：如何最大化彼此利益 203
　　方法一：倾听 + 观察 = 不等价交换者　203
　　方法二：提问 + 表达 = 善用准则者　206
　　方法三：感知 + 表达 = 情感补偿者　207

说服：如何说服他人 210
　　思考＋提问＝逻辑说服者 210
　　观察＋感知＝感知说服者 213

汇报：为什么你总是得不到领导赏识 218
　　观察＋提问＝有效对焦者 218
　　感知＋表达＝有效汇报者 221
　　思考＋表达＝有效推动者 223

交流：如何成为信息枢纽 225
　　感知＋思考＝聪明的连接者 226
　　倾听＋观察＋提问＝关键信息探寻者 228
　　观察＋感知＝有效信息验证者 230

开会：高效会议 232
　　思考＋倾听＝"六顶思考帽"会议的组织者 233
　　思考＋表达＝高效能会议组织者 236

激励：如何激发别人的善意 240
　　技巧一：感知＋表达＝做先获我心的平级 240
　　技巧二：观察＋感知＝做懂得感恩的下级 243
　　技巧三：感知＋表达＝做为下属出头的上级 245

批评：如何让人提升 247
　　批评前：观察＋感知＝做有效批评的控制者 247

批评中：倾听 + 提问 = 做通透的赋能者 　　250

批评后：提问 + 表达 = 做好行为的塑造者 　　252

演讲：如何进行一次成功的公开演讲 　　254

关键一：观察 + 表达 = 结构化内容的表达者 　　255

关键二：感知 + 表达 = 感性素材的讲述者 　　258

关键三：思考 + 表达 = 内涵主题的升华者 　　260

后　记 　　263
参考文献 　　265

Part 01 第一章

维度一：倾听修炼

从本章开始，我们将正式进入六大维度的训练，第一个需要修炼的维度是倾听。倾听分为倾听自己、倾听对方、倾听气氛和综合倾听，下面我们就先从"倾听自己"开始。

倾听自己：倾听的境界

倾听很容易，但并不简单。

为什么说容易，因为倾听的时候你不用说话，只需要安静地听着别人说话似乎就可以了。那为什么又并不简单呢？因为我们的内心仿佛住着一条多动的鲤鱼，当别人的语言通过声波传播抵达我们的耳膜，耳膜震动产生的神经信息将其传递至大脑，大脑进行解码后，你的脑海里就仿佛一潭平静的水面中突然扔进了一颗颗石子，泛起阵阵涟漪。这些涟漪会促使这条鲤鱼乱窜，让你产生说话的念头。现实生活里有些人在别人说话时，总是忍不住打断别人、抢着发言就是这个原因。

抢着发言的三个坏处

抢着发言有什么坏处吗？当然有，而且坏处还不止一个。

第一，抢着发言属于应激反应，往往考虑不周，容易闹出笑话。如果你仔细观察，你会发现会议上越是有丰富职场经验的人,往往发言越晚,这是有道理的。因为当一个话题被抛出来之后,人脑的局限性会导致我们在最初产生的想法并不成熟。此时如果脱口而出考虑并不充分的结论,很可能马上就会被其他人举个反例,"一句话噎住"。

比如古希腊的拉尔修在《名哲言行录》中曾经记载,柏拉图在与别人对话时就曾犯过"抢着发言"的错误。有人问柏拉图,如何定义"人",柏拉图随口说"无羽毛的二足动物,就是人"。犬儒派哲学家第欧根尼就拿着一只拔完羽毛的鸡来嘲弄他,说:"这就是柏拉图所说的'人'。"

所以,当面对全新的问题时,只有思考足够深入,我们才能考虑得更周到,挖掘到现象背后的本质,得出更全面、准确的结论。

第二,抢着发言往往关闭了别人信息输出的渠道,让自己陷入信息不足的境地,继而做出错误的判断。

由于听和说都是单通道媒介,所以往往滔滔不绝说话的时候就没有办法沉下心来听,这就会导致你说的内容很可能由于信息输入不足而出现判断偏差,这也是很多职场信息传递不畅的根源之一。因为人的大脑是十分懒惰的,大脑会天然倾向于把自己目前掌握的信息结合过往经验做出一个简单的预判,接着就用该预判来下结论，并指导下一步行动。很多性格相对外向、喜爱说话的人尤其如此，当这些人走上管理岗位后，就很可能在一个不良结果出现后去质问自己的下属，为什么不早些告诉自己这些信息，甚至表示为什么下属没能提前采取预防措施，那下属则很可能一脸无辜地说："我当时多次想要和您说，但每次都被您打断了。"

第三，抢着发言会打断别人，容易招致他人讨厌自己，从而关闭与他人的沟通渠道。

你有说话被人打断的经历吗？被打断后会不会觉得心里有那么一点不舒服呢？如果总是打断你说话的是同一个人，尤其当这个人还不是你的上司，对方在你心里的地位是否会下降，被你贴上一个"不懂礼貌"的标签呢？

更何况，有时候别人来找我们说话倾诉，不仅是为了寻找关怀，更是为了把苦水倒出来找个人来分担。如果抢着发言打断别人，给别人一些"中肯可行的建议"，那就真的犯了"钢铁直男症"，容易被贴上一个"低情商"的标签了。

所以，既然我们升维是为了实现降维沟通的修炼，我们就需要先放下"抢着发言"的习惯，去设法忍住想说话的冲动，修炼"倾听"这个维度。

怎样才能有效倾听

任何修炼都不是一蹴而就的，倾听修炼尤其如此。为了能切实做到有效倾听，首先你需要去倾听你自己的内心，并且时刻关注自己"抢着说话"的念头。

我们把倾听内心分成五重境界。

第一重境界：习惯抢着说话，从来都没意识到自己没有倾听。

第二重境界：抢着说话之后，才意识到自己未做到倾听。

第三重境界：抢着说话时，就提醒自己不该如此，但依旧忍不住。

第四重境界：抢着说话前，提醒自己不该如此，并且经常能成功做到。

第五重境界：没有了抢着说话的欲望。

已经读完"抢着发言的三个坏处"的你，至少已经告别了第一重境界，来到了第二重境界。

不过，倘若你已经处在第二重境界，接下来要如何有针对性地修炼，去设法进入第三重境界呢？我自己践行下来，一个比较简单有效的办法是下载一些在线记录类App，每次在事后意识到自己未能做到有效倾听后，把当天的错误记下来，并且时不时地去翻阅，然后尽可能去统计每天发生该类情况的频次。用回家做作业的态度来审视，这能让你从无意识进入有意识状态，从而逐步走进第三重境界。这个步骤并不难，只要你真正地做了，一般一个月左右就能达成。

当你抵达第三重境界，恭喜你，你很可能已经超过了身边80%的人——你有了一份难能可贵的、审视自我的觉察，这份觉察就好比你在电脑上将要执行某个命令时，页面突然跳出了一个对话框，询问你现在对于抢着说话这项行动要选择点击"是"还是点击"否"。

从第三重境界跨入第四重境界则有一定的门槛，需要技术来辅助。毕业于耶鲁大学心理系的 Mentat Wiki 网站创始人罗恩·黑尔-埃文斯在其著作《思维黑客：让大脑重装升级的75个超频用脑法》中就提供了一个很有效的解决方案，值得我们借鉴。罗恩将一根橡皮筋戴在自己的手腕上，一旦发现自己在说话时犯了一个错误，就用皮筋狠狠地弹自己一下，每次实施后，他就能强烈地意识到自己刚才的沟通有失妥当，继而在一段时间里有更强的能力克制自己的失当行为。

事实上，罗恩的这个方法在行为心理学中存在理论依据。在同样毕业于耶鲁大学的普利策奖获得者查尔斯·都希格所著的《习惯的力量》中讲述了一个有关"暗示—惯常行为—奖赏"的习惯回路。

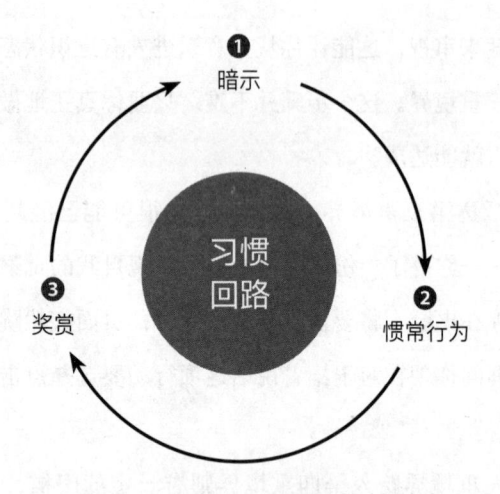

```
      ① 暗示
         ↓
    ┌─────────┐
    │  习惯    │
③ 奖赏 │  回路    │ ② 惯常行为
    └─────────┘
         ↑
```

  暗示，通常是一种提示。比如微信朋友圈的"发现"出现了红色的数字。

  惯常行为，是指在暗示提示了你后，你不由自主将要进行的一项行动。比如你去点击"发现"，查看到底谁给你点了赞或者谁给你发的朋友圈信息进行了评论。

  奖赏，是行动后获得的大脑奖励。比如你点开朋友圈后，看到了许多好友给你点赞，让你获得了内心满足感。

  习惯回路是可以被打破的，只要这个回路中的奖赏消失了，甚至变成了负奖赏，惯常行为就能得到显著遏制。比如，如果手机发生故障，你点开朋友圈后，什么反馈都看不到了，那就算朋友圈"发现"的红色数字增加到了"99+"，你在多次尝试查看失败后，接下来就不太会再去点击查看了。

那为什么打断别人，抢着说话会变成很多人的习惯呢？因为这类人在抢着说话时可以通过"说话输出"来获得大脑分泌的多巴胺，而且打断别人虽然不礼貌，却能给人一种拥有权力的感觉，在大脑获得多巴胺分泌和权力感的双重奖励下，一条"惯常打断别人抢着说话"的习惯回路就形成了。

所以，要打破这类习惯回路可以从"奖赏"入手。在抢着说话行为发生后的反省是精神上的负激励，而通过使用套在手腕上的橡皮筋狠狠地弹自己，则是一种肉体上的负激励。如果你通过以上的方法，在每次发生类似情况后"惩罚"自己，双重负激励就能显著对冲大脑多巴胺分泌与权力感的大脑正激励，如此，你就有更大的可能从第三重境界跨入第四重境界了。

你可能会问，那如果我在和别人沟通的过程中的确产生了新的灵感或念头，倘若不及时打断别人来输出，我会忘记这些灵感，怎么办？一个我亲测有效的方法是拿出手机，打开笔记软件记录下来。这样一来，等对方讲话告一段落后，你就能根据你记录的笔记去回忆和分享你的观点了。值得提醒的是，当你拿出手机做记录时，请确保对方知道你是在做记录的，如果让对方认为你在分心，就可能会让有效倾听的效果大打折扣。

至于第五重境界，则是跨入第四重境界后的升级版，是你养成一种新习惯后的体现。就像我以前每天早上8点都很难起床，现在已经习惯了每天早上5点起床写作，也不存在任何痛苦感了。而当你进行倾听内心的修炼一段时间后，你也可以稳稳地实现倾听自律，并让这种自律给你自由。

倾听对方：四大抓手

一位创业的好友向我倾诉，过年前他刚给员工发完一笔奖金，没想到员工们非但没有感恩戴德，反而一个个在春节后仿佛抱团似的来找他，纷纷向他提出新一年的加薪请求。刚发掉一大笔钱，新一年的收入还没进账，他坦言自己感受到了巨大的压力。当该创始人将这件事情和一位得力骨干探讨时，骨干竟然也透露出类似的意思。这件事情让他很失望，两人大吵一架。由于我与该骨干私交也不错，创始人遂拜托我，让我出面去对骨干人员进行情绪安抚，同时也询问我对这件事情的看法。

沟通的时机

在我看来，从双方的立场来看，本质上谁都没错。创始人发放了一笔可观的年终奖，希望能激励团队越战越勇；员工拿到奖金虽然欢欣鼓舞，不过新一年的消费者物价指数（CPI）[1]在涨，

---

[1] Consumer Price Index，又名居民消费价格指数，简称CPI。

作为打工人,自然也希望自己的固定收入能稳定上涨。但双方都未能厘清沟通对象当下的状态,在错误的时机进行了一场本该正确的沟通。

事实上,这类情况在日常工作和生活中并不罕见。下属在上司处理紧急事件时去做日常汇报,家长在孩子看动画片正高兴时让孩子立刻关掉电视过来吃饭,甚至女友在男友于游戏中被围攻的关键时刻撒娇求聊天,这些都是在错误的时机设法进行正确的沟通。

那么,到底什么才是在恰当时机进行正确的沟通呢?相信你一定听过"情商"这个词,但你也很可能和许多人一样都曾跌入类似的认知陷阱,认为所谓情商高等同于会说话。事实上,这样的理解是狭隘的。除了通过语言来处理人际关系外,能够准确地识别他人当下的状态、想法或情绪也是一个人拥有高情商的重要表现。所以,刻意修炼倾听维度中"倾听对手"的技能就非常关键了。

倾听对方的四大抓手

倾听对手的核心主要有四个关键抓手。

第一,倾听对方的注意力所在。你需要能判断对方的注意力到底聚焦在哪里。如果你想要和目前注意力已经高度聚焦在另一件事情上的人来做沟通，现在到底是不是一个非常合适的时机？

比如有一次，我正在写作，并进入了专注状态，我的爱人突然跑来和我说她买来的零食都不见了，我被她打断，感到非常难受，为了能尽早结束谈话，我连忙拿出手机，问她："你需要什么零食，我现在就给你叫外卖，帮你买十包。"

爱人情商很高，立刻听出了不对，随即离开了我所在的书房，离开前还动作很轻地把门带上。

事后，我意识到自己的愤怒情绪。我平时被周围人评价是一个儒雅幽默的人，所以无论在工作场合还是在家里，也十分愿意保持这样的形象。但这件事情让我开始反思，为什么我在工作进入专注状态且被打断时会突然性情大变，变成了一个有攻击性的人呢？

我对这件事情很好奇，就翻阅了大量的资料，终于找到了一个我相对认同的说法：我们之所以会产生攻击性（愤怒）的本质，是在于"边界感被侵犯"。狗通过撒尿来划分领地，有其他宠物入侵领地，狗就会狂吠来捍卫领地。每个人也都有边界感，过年回家亲戚老是来关心你的婚恋、生娃问题，你感到不悦，也是因为边界感受到了侵犯。

所以，当一个人的注意力已经聚焦在某件事情上时，无论是成年人的注意力聚焦在工作甚至游戏上,还是孩子的注意力聚焦在卡通片上,这时候非要强硬而不假思索地进行打断、插入,对方就会产生"边界感被侵犯"的感觉,脾气温和的沟通对象可能会隐忍着,找个其他借口来拒绝你,脾气暴躁的沟通对象或许就会暴跳如雷,开始发难了。

因此,在一轮来回的沟通后,刻意去倾听沟通对象的注意力到底聚焦在哪里,在发现有所不妙时轻轻退却,择时再做沟通,不仅是对他人边界感的尊重,也是给你带来一场良好沟通活动的开端。

第二,倾听对方语言中的关键词。如果沟通对象的注意力并未被某件事情占据,但对方流露出了一些特定的关键词,那你也要设法先暂时搁置对话,等构建出更有效的策略后再去做沟通。

这些关键词通常都是一些相对中性的词,这些词在高情商人士看来好像并不特别,很容易被识别和发现,但对于很多刚参加工作没几年,甚至一些敏感性不足的人来说却十分容易被忽略。

比如对方说:"关于你们前面说的方案,整体方向是很不错的,如果能在风险控制上有一点点小的改进,那就更好了。"这个句式你是不是很熟悉?这是一个非常有职业素养的"先夸赞再提建议"的话术。这里的重点根本就不是方案的"整体方向好",也不是风险很小,只有"一点点",而是你们的方案存在我们不愿意承受的风险，你们需要好好地完善方案才行，目前的计划是不可能通过的。这么说只不过是别人不愿意很直白地指出，想给你们留面子而已。

在这里，特别需要留意的关键词是什么？有些读者会认为是"风险"，但其实真正的关键词反而是"一点点"，它相当于一段文字内容中的标黑粗体，是一种文明人用优雅方式向你指明问题就在这儿的关键路标。类似的关键词还有"效果一般"中的"一般"，对方其实想表达的是"效果很差"，还有诸如"考虑一下""看一看""想一想"等关键词出现时，就别再去打扰对方了，因为这都是对方不感兴趣，又不愿意生硬拒绝的委婉表述。刻意去倾听这些关键词，有利于你判断现在的时机成熟与否。

第三，倾听对方的沉默。有一句话叫作"别听别人说了什么，而要去听听别人没说什么"。沉默虽然没有任何文字信息的输出，但沉默伴随的特定场景往往也有很大信息量。能听懂沉默的人，通常都能在对方出现沉默的片刻立刻做出反应，继而让事情持续往下推动。

有一次在开会时，我接到一个猎头的电话，对方自报家门后问我："您现在方便说话吗？"当时会议桌上有很多人看着我，我只能选择不说话，保持沉默。接着猎头立刻说："那我午饭后再打来可以吗？"我回答："好的。"然后挂了电话。这显然是一位经验丰富的猎头，马上就能察觉出电话那头的我说话并不方便。

事实上，作为普通职场人，在接到猎头电话时，大脑还是会开始分泌多巴胺的。因为就算不跳槽，了解一下目前自己在市场中的竞争地位，互通一下有无跳槽意向，还是有所收获的。所以，一般人都不会像接到营销电话那样决绝地挂断，但如果猎头听不懂沉默背后可能存在的隐藏场景，那么他的工作可能也会遇到卡点。比如我就曾经接到过年资尚浅的小猎头打过来的电话，他们听到你在类似场景中的沉默后，以为是电话信号不好，一个劲儿地扯高嗓门，问我："能不能听见，您什么时候方便？"针对这类目前无法听懂沉默的猎头，我也只能礼貌地说一声："谢谢，再见。"

当然，倾听对方的沉默并非一日之功，就算暂时听不懂，听不出隐藏剧情，也无须着急。刻意地去留意类似的沉默瞬间，然后可以先假设对方在对目前的时机说"不"，换个时间再去沟通，就可能提升事情继续向前顺利发展的概率。

第四，倾听对方的情绪。情绪是沟通中最大的障碍，甚至没有之一，如果你无法倾听出别人的情绪，而是盯着对方抛过来具体的内容而进行回应，很可能不仅处理不了眼前的冲突，甚至还有让事态不断升级恶化的可能。

比如你刷完牙，牙膏的盖子没盖好，如果你爱人把牙膏拿到你面前，和你说："你的盖子怎么总是不盖好？"你如果回答："没有啊，我昨天就盖好的呀。"那就完蛋了，因为你没有听出对方正情绪"上头"。很多家庭场景中为了鸡毛蒜皮小事升级成大吵的大都属于此类。

在工作场合也一样，比如开篇那位创始人，本来想与骨干员工聊聊天，倾诉员工们要求加薪给了自己很大的压力，从信任的骨干那里找点安慰，可骨干非但没听出"求安慰"的情绪，自己居然也在老板情绪敏感的时候提出加薪的想法，这会儿哪怕该骨干过去功劳苦劳再多，那也是在危险的边缘疯狂试探。

由此可见，能否听懂对方的情绪不仅关系到亲密关系是否和谐舒心，还可能决定你辛苦了一年后能否顺利地升职加薪。

倾听气氛：从"倾听气氛"到"改变气氛"

在本节开始之前，我们先来看一个失败的沟通案例。

还是我的那位创始人朋友，他在某次会议上和他的下属们进行了一场激烈的争论，该会议原本是一场关于某内容产品的营销方案讨论会，最后却演变成了超过20分钟的指责。起初有一位下属还想提出自己的建议，但到后来则变成了创始人一个人在讲话。最后实在太晚了，会议匆匆结束，方案讨论暂时搁置。

会后，他给我打电话倾诉，想问问我的建议。我一听就发现了问题，因为这也是我曾经犯过的毛病——太关注沟通内容，而忽略了要去倾听气氛。

倾听气氛为什么重要？因为气氛是决定他人是否愿意坦诚沟通的前提。气氛就好比是汽车上的钥匙旋钮，你不转动钥匙，就发动不了汽车。在不安全的气氛下，一部分人会本着多一事不如少一事、不愿意轻易得罪人的想法，使用逃避的态度来进行消极应对；另一部分性格刚烈的人，则会选择与你"硬刚"，把你气到心里堵得慌，这也是很多管理者感叹年轻人不好带的原因。如此结果，非但沟通受阻，而且随着人口红利的消失，新一代职场人家庭条件优渥，人们完全可以用脚投票，远离你这个不懂得倾听气氛的人。

不过，置身事中，大多数人为什么会倾听不出气氛的不妙呢？这其实和我们的大脑在自然状态下难以胜任"多线程运作"有关，比如你在和张三谈话时，李四在一旁对着你说话，你就听不见。同样道理，在你身处激烈讨论中，你也很难同时注意到对话的气氛竟然已经不利于继续沟通，而你还沉浸在讨论内容的细节之中。

那么，在一场沟通中，我们到底要如何才能倾听气氛，给彼此一个安全的沟通环境呢？包括三个关键要素，值得每一个期待实现降维沟通的人进行刻意练习。

关键要素一：倾听何时对话气氛急转直下。

一场沟通的安全气氛开始被破坏是有许多征兆的，如果你能及时地发现这些征兆，并且马上做出调整干预，那么安全的沟通气氛就可以被修复；与之相反，你发现得越晚，阻止越不及时，届时回到正轨的概率也会越低。为此，一旦你发现以下这些征兆时，请务必把注意力从内容抽回到气氛本身。

征兆一：内容讨论演变成观点之争。这是最容易被发现的征兆，相应地，这种类型的征兆也是最容易被处理的。当一场讨论会出现分歧时，讨论的聚焦点往往会落在某个细节上，当你发现双方只是摆出观点，都没有可靠的事实或者数据去做支撑，而依旧在"硬刚"时，一个较好的处理方法是提醒大家，我们先不落到细节中，而是先设法在框架层面形成共识，如此一来，就容易把方向扭转过来；又比如一场只有两个人的沟通，在某一个观点产生分歧的时候，也可以先暂时搁置不同的观点，把注意力先转移到其他话题上来缓和气氛。

征兆二：语速加快、音量变高。为了更快地发现问题，你还可以留心倾听沟通对象的语速和音量，如果发现语速越来越快，音量越来越高，这说明沟通者开始激动了。此时，友善而幽默地去提醒对方冷静，同样能起到维护安全氛围的效果。举个例子，某次我主持会议，一位老资格的同事语速越来越快，音量也越来越大，我赶紧一边用手轻拍着该同事的背，一边说"calm down（冷静）"，对方马上意识到自己的失态，也赶紧放慢节奏，安全的气氛很快就又回来了。

征兆三：突然沉默或欲言又止。除了争论的战斗反应，还有一种是陷入沉默的逃避反应。旁边有人提醒还好，最怕的是独自与人沟通时，自己没有意识到对方的突然沉默。沟通方把想说的话吞咽回肚子里其实是一种不想再和你继续沟通的逃避反应，但很多没有倾听气氛意识的人，在面对他人的沉默时，非但不会去设法调整干预，反而变本加厉，滔滔不绝，这种每句话都被打在防御盾牌上的沟通自然无效。此时，如果能及时意识到，去设法转移话题，寻找一些无关痛痒的内容让气氛重新变得轻松、安全才是上策。

关键要素二：压力气氛之下，使用策略给彼此减压。

在上面的情景中，我们自己可能是糟糕气氛的施与者，而如果现在换个位置，我们正在被别人挑战，你已经听出气氛不对了，但眼看自己马上就要控制不住自己，即刻要在沉默中爆发了，怎么办？

心理学者武志红老师的一个类比令我十分认同：把自己想象成一个容器，来装住对方的攻击。当然，这是相当有难度的。但如果你能做到，就会非常厉害。为了做到这一点，我们可以通过使用两个策略来降低它的难度，或者让不好的结果变得可控。

策略一：把对方倾倒而出的内容记录下来。不用管目前对方输出内容的对与错，先一股脑儿地把这些内容记录下来。因为记录是一种打明牌的方法，你用行动在告诉对方"你看，我正在认真地倾听你哦"。此时，你就变身为那只容器，正在接住另一只容器倾倒而出的、源源不断的水，这些水起初可能是猛烈的，但随着你把它们变成文字，这个举动就有很大概率让对方从强烈的感性回归到理性，你接收到的攻击性也会随着记录的进行逐渐地减弱，沟通气氛自然也会跟着回归平和。不过需要特别提醒的是，你应该尽可能使用纸笔来执行该策略，因为如果你用的是手机或者笔记本电脑，让对方以为你的注意力转移到了其他地方，会让沟通方更加恼火。

策略二：失控之前，找个借口离开现场。有时候，前面的策略可能不管用，对方还是会继续大吼大叫，甚至不惜当着众人的面让你难堪。比如强势的领导可能在大庭广众之下教训下属，整个办公室的人都能听到他的训话。场面气氛简直凝固到了冰点，眼看你就快要绷不住的时候，最好的办法是找个借口离开现场。因为再过一分钟，你的情绪很可能就会抵达你能自控的阈值。两害相权取其轻，你宁可假装接到一个重要电话，或者声称自己肚子不舒服，需要去一下卫生间，也好过在别人围观之下情绪失控与领导大吵一架。

关键要素三：重新制造气氛，引导解决共同目标。

倾听气氛的目的不是倾听本身，而是在此基础之上解决问题。所以，无论你是气氛的破坏方，还是暂时搁置争议的沟通方，最终也都必须回到重新制造气氛，引导解决共同目标本身。这个策略可以分为三个步骤。

步骤1：为态度道歉。道歉并不是自己真有错，而是重新回到沟通桌的一条路径。而且你道歉的对象也并非关于你们讨论的内容本身,所以无关乎对错,只是针对自己的态度。这个步骤可以选择在自己已经冷静和判断对方可能已经冷静之后。然后找个机会,以"道歉态度"为敲门砖,开启接下来的进一步沟通。

步骤2:再次倾听气氛,观察是否已经抵达安全范围。虽然你已经就自己的态度进行了道歉,能提升第二次沟通的安全程度,但为了保险起见,请再次确认对方是否存在战斗(激动)或逃跑(沉默回避)的反应。如果存在,请搁置本次沟通,择日进行;如果不存在,请进入下一步骤,引导解决共同目标。

步骤3:引导解决共同目标。绝大多数沟通都会以共识为起点,而争论双方达成最终共识是彼此的目标。比如在公司里,往往是为了组织的业绩;在家庭中,通常则是为了与家人和孩子的某个具体目标。所以,在确保沟通气氛安全的前提下,先就共同目标达成一致,比如今年要完成5000万元的业绩,然后再针对实现路径进行探讨;又如今年孩子要考到钢琴十级,然后再针对每周练习量进行规划。最终,用你们达成的共识作为前进的路标。

最后,我还想提醒一句,和解决大多数复杂问题类似,在从"倾听气氛"到"改变气氛"的过程中,你不必追求尽善尽美,努力按照以上策略或步骤做出一些改善即可。因为每个人都不可能完全理性。当情绪占主导的时候,适当地放慢沟通节奏,然后让每一个要素帮助你每次进步一点点。路虽远,行则必至;事虽难,做则必成。

综合倾听：怎样实现听话听音

到目前为止，你已经学会了倾听自己，让自己不去抢着说话；学会了倾听对方，能有意关注对方的注意力、关键词、沉默和情绪；也学会了倾听气氛，倾听一场沟通的气氛何时急转直下，压力之下如何使用策略给彼此减压，制造气氛并引导解决共同目标。

接下来，我们将更进一步，通过教会你综合倾听的方法来听懂别人的潜台词，迅速领会他人想要表达的真正意图。

高语境VS低语境

中国是一个高语境社会，即我们在日常沟通中只有很少一部分信息是能通过编码被清晰地传递出来的，所以表达的内容通常都是含蓄的。可见，中国人在日常交往过程中更重视"语境"，而不是"内容"。

这要如何来理解呢？假设你是一个职场中的打工人，接下来我们一起进入由易到难的三个场景,来感受一下高语境下的对话。

场景一:你向领导请示,领导说:"原则上不可以。"请问,到底可不可以?

场景二:领导在会议上当着众人的面严厉地批评你。请问,你刚刚真的是在挨批评吗?

场景三:领导把你单独叫到他的办公室问你:"你觉得刘某负责的项目怎么样?"请问,领导真的是想让你评价刘某负责的项目吗?

这些问题在西方低语境社会很容易回答,你只需要看表面的意思就可以进行应对了。但在东方高语境社会就不可以,因为你可能会在不知不觉中会错意、踩到雷。这和西方人倡导训练提高传达效率,而东方人注重提高接收敏感度的习惯有关。这种委婉的表达方式虽然有"含蓄之美",但对于已经接受了大量外来文化的年轻人或者天生性格直爽的"钢铁直男(女)"们就不太友好了。所以,这也是我们为什么需要修炼自己听话听音能力的原因。

另外,中国人还讲究"只可意会不可言传",这也需要依靠个人的悟性去"领悟"一句话背后到底蕴含着怎样的深意。可是,"钢铁直男(女)"们哪儿来这样的悟性?幸好,一位来自低语境社会的西方学者，美国威斯康星大学临床心理学博士马歇尔·卢森堡在著作《非暴力沟通》中，给我们提供了解析的范式，让我们得以有章法地习得综合倾听，令我们实现听话听音成为可能。

综合倾听中的四要素

卢森堡博士认为，任何一种表达都可以解析为四个关键要素，只是由于普通人从未接受过这种结构化训练，所以通常都会把这四个要素混淆在一起，这就在客观上增加了综合倾听的难度，令人难以捉摸。这四个要素分别是什么呢？

要素一：感受。感受是你从对方语言中解析出的情绪要素。喜、怒、哀、乐、悲、惧、惊，这些都是非常典型的人类情绪。就像我们在"倾听对手"这一小节中讲到过的，刻意去倾听对方当下的情绪能帮助你对接收的信息做定性化处理，有利于判断对方语意的方向。比如领导在说"原则上不可以"时，你倾听到的情绪是平静的，那这件事情大概其实是"可以的"。那"领导当众严厉地批评你"是怎么回事儿呢？这也要去倾听领导的情绪，不过很重要的一点，你还需要结合当时的"事实"一起来做判断。

要素二：事实。事实是客观事件的发生，有别于观点，它是对一般情况的描述。今天气温为10摄氏度是事实，今天天气很冷则是观点；孙某今天穿白衬衫是事实，孙某今天穿得很帅则是观点。要去快速地区分"事实"和"观点"也很简单，你只要尝试着在某句话之前加一个"我觉得"或"我认为"就可以来判断了。比如"我觉得今天天气很冷""我认为孙某今天穿得很帅"就是再明显不过的"观点"表达，而"我觉得今天气温为10摄氏度"则很拧巴，你又不是温度计，怎么能精确地感知气温是多少。"我认为孙某今天穿的是衬衫"，你是不认识什么是衬衫吗？所以很显然"气温为10摄氏度""孙某穿衬衫"，这些都是事实。

回到"领导当众严厉地批评你"的场景，领导为什么要严厉地批评你呢，之前发生的事实是：部门周会进行中，大家都在轮流发言，沈主任却坐在角落里长时间玩手机，而你刚解锁手机，才看了一眼就立刻被领导批评了。结合该场景下的事实，现在，你还觉得领导真正批评的人是你吗？先别着急回答，我们接着往下看。

要素三：需要。需要是"有机体感到某种缺乏而力求获得满足的心理需要"，说得通俗一点，就是一个人想要达到某个目的，但现在还未达到时心里的某种匮乏感。事实上，任何人做任何事情或者进行任何沟通都是有目的的，只不过他人或我们自己有时候没有意识到而已。

既然目标、目的是表达者在表达时就客观存在的，我们作为倾听者就需要在倾听中去发掘对方的目的和需求。比如在上面的事实场景中，领导的需求是什么呢？对，因为沈主任是主任，虽然只是基层领导，但当着那么多人的面，领导不想拉下脸、也不好意思直接指出，因此，领导需要有一种不失体面的方式来提醒沈主任。

要素四：请求。请求是提出要求，希望需求得到满足。在低语境社会，表达者一般都会直截了当地说出自己的请求，因为社会文化早已习惯直来直往。但高语境社会则完全不同，直接说出请求会显得很突兀，所以才需要倾听者通过听话听音来"悟"。

比如领导把你单独叫到他的办公室，问你："你觉得刘某负责的项目怎么样？"首先，领导为什么单独叫你却不叫别人？显然，领导对你有一定的信任，这种信任很可能与该项目有某种联系；其次，如果刘某负责的项目效果好，你又和项目没什么关系，为什么要让你来评头论足呢？所以，根据领导让你来做评价这项眼前的事实，一个合理的推论是，该项目未达到预期效果；而既然未达预期效果，领导又来与你进行一对一沟通，领导的"请求"就有很大可能是想请你来帮忙，协助甚至直接负责该项目。

所以，当我们接收到一堆重要信息后，如果我们可以迅速地在脑海里去设法整理，把它们进行归类，用综合倾听中的四要素去分别梳理它们，倾听的效率就会马上提高不少。

沟通中的四要素

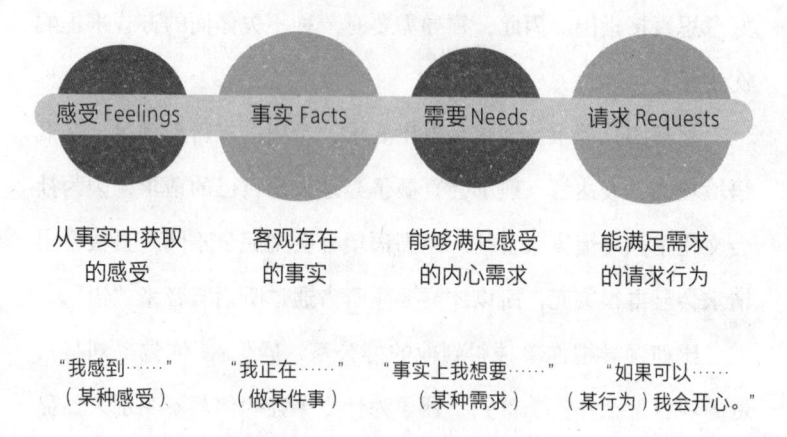

感受 Feelings	事实 Facts	需要 Needs	请求 Requests
从事实中获取的感受	客观存在的事实	能够满足感受的内心需求	能满足需求的请求行为
"我感到……"（某种感受）	"我正在……"（做某件事）	"事实上我想要……"（某种需求）	"如果可以……（某行为）我会开心。"

在"领导当众严厉地批评你"的场景中：

感受：领导很生气。

事实：沈主任开会时一直在看手机，而我刚看了一眼手机就被领导严厉地批评。

需要：领导不好意思直接批评沈主任。

请求：希望通过批评我，来提醒沈主任放下手机，好好开会。

在领导把你单独叫到办公室，问"你觉得刘某负责的项目怎么样"的场景中：

感受：领导很焦虑。

事实：领导单独叫你，而不是别人，并且让你评价刘某负责的项目。

需要：项目效果大概未达到预期，领导可能需要有人帮助推进项目，使之符合预期。

请求：可能希望让我来协助或负责项目，征求我的意见。

在这里，为什么"感受"要放在"事实"的前面呢？因为当你注意到情绪后，更有利于反向追溯引起对方产生该类情绪的缘由，倒逼你去分析事实，找到需要，推理可能的请求。

所以，当你能顺利地把杂糅在一起的四要素做如上分类处理，你就能有逻辑地实现"听音"，倾听出对方真正的意图。

综合倾听四步走

不过，在一些信息并不对称，你并未掌握大部分事实的复杂场景下，这些电光石火之间产生的结论仍旧只是你的推理，虽然可能性不小,但依旧只是假设。而任何的假设都需要有证据来进行验证。怎么来验证呢?继续按照感受、事实、需要和请求这四个要素,依旧可分为四个步骤。

第一步:共鸣感受。比如假设你前面已经从领导的语气里听出了他对项目的担心,那此时你就可以用眉头紧锁、抿起嘴巴等表示压力和焦虑的动作与之呼应。这里需要注意的是,千万别在事情搞不清楚之前急着说话,因为你现在的步骤是共情,而语言是比较具象的,拿捏不好容易共情错;而表情共鸣是你在倾听了对方的输出后自己的微情绪表现,情绪表现很难被评判对错,既能起到共情效果,还相对更安全。

第二步:探寻事实。确认事实的目的是获取信息,把那些你不知道的事情挖掘出来。比如你可以说:"现在该项目的进度如何?"这类简短的问句也是一颗投石问路的石子,可以帮助你从对方那里获得更多你之前不清楚的事实。

第三步:明确需求。有了更多的事实后,就好比侦探掌握了更多的线索,此时你就能去进一步明确需求了。比如领导说:已经三个多月了,但每个月的目标完成率始终只有30%,刘某认为目前的卡点是渠道拓展。

第四步:确认请求。通常需求明确清楚了,请求就会自然而然浮出水面。比如领导目前的需求是需要一个擅长渠道拓展的人才，而你恰恰就是这方面的专家。那领导的内在请求自然不言而喻，不是把刘某换掉，让你上，而是希望你去协助他，让他突破卡点。

学会听话听音，不是让你揣摩领导、去走捷径，而是让自己用对力，把精力用到刀刃上，清楚领导的意图。现在，理解了综合倾听四步走，你是否更通透了，是否已经能开始厘清倾听的结构，更容易地实现听话听音了呢？

Part 02 第二章

维度二：观察修炼

本章我们将进入观察修炼的模块。在这一部分，我们主要会把注意力聚焦在那些不为人知的细微表情、人物性格、人物认知、思维层次和他人"冰山之下"的内核，通过了解这些非语言信息实现在观察维度升维的目标，以知彼知己的信息优势为降维沟通积累势能。

微表情：判断真实

人类是一种擅长隐藏自己真实想法的动物。你一定见过一个人在拒绝他人分享的食物后吞咽口水的动作，也可能曾经观察到当某个人滔滔不绝地讨论某个话题，旁人虽然在礼貌倾听，但脚尖已经转向门口，准备随时离开的场景。

事实上，无论是吞咽口水还是脚尖转向，这些都是人类非语言行为传达出的真实意图，如果你能准确地捕获这些非语言信息，观察与解码它们，你就能更容易地判断别人的真实感受与意图，设法确定他人的关注点到底在哪里，从而为实现你的沟通目标助力。

下面，我们将从三个容易被观测到的人类身体部位入手，来帮助你去发现这些行为背后的秘密。

嘴唇的秘密

人们的嘴唇是泄露真实想法的重要身体部位之一。在这些透露真实意图的唇型中，有四类最为典型，它们分别是蹙唇、咬唇、敛唇和触碰嘴唇，下面我们来一个个解析。

第一，蹙唇。蹙唇也就是嘟起嘴巴，一般在女孩子自拍的时候比较常见。当两个人在进行沟通时，如果一个人在讲话，而另一人蹙起了唇，则表示蹙唇者内心已经产生了与对方观点不一致的看法。但蹙唇并不是一个代表敌意的信号，对方可能只是在当前讨论的事情上与你的观点不太一样而已。

观察蹙唇之所以重要，是因为你完全可以在观察到这一信号，且对方还未明确地表达出自己不一致的观点之前，就通过给予更多论据来强化观点的可行性。比如最近股市低迷，正是很好的入场时机，你想让爱人加大指数基金的投入，此时爱人蹙起了唇，你察觉到了她对该方案并不认同，此时，你就可以说："你可能认为现在加大投入仍旧存在风险，不过我可以给你看一些数据。你看，最近很多新发基金都出现了滞销，而新发基金滞销恰恰是市场最底部的关键信号。2012年和2016年都曾出现过类似情况，持有3年以上，胜率可以达到95%以上。"

在对方还没把否定的关键词说出来之前，尝试运用多种方法转变其观点要比对方已经出口否定后，再说服要容易许多。

第二，咬唇。咬唇是一种犹豫的表现，它不同于蹙唇，是一种欲言又止的表现。通常咬唇会出现在权力不对等的沟通场景中，比如上司与下属、师长与学生。当你能观察到对方的咬唇动作，并鼓励对方把想说又不敢说的话说出来时，对方会感觉你很懂自己，这可以很容易拉近彼此之间的关系。

第三，敛唇。敛唇还有另一种更通俗的说法，即抿起嘴巴。敛唇时，上下嘴唇会紧紧地压在一起，仿佛要把秘密紧紧地关起来，生怕脱口而出。在遇到敛唇的情况下，要尝试着从各个方面旁敲侧击，或者用假设去推敲出对方想掩盖的秘密。比如同事最近计划离职，当讨论起该话题时对方出现敛唇动作，于是你抛出"是不是打算投靠刚离职的许总"的假设，对方立刻会投来被你猜到的眼神。

第四，触碰嘴唇。无论是用手，还是用笔或其他物品来触碰嘴唇，都是对方对目前的话题感到不适，企图用刺激嘴唇的方式来降低自身焦虑感的反应。在社交中，最尴尬的事情莫过于对方明明对某个话题很敏感，不愿提及，而我们却依旧自顾自地滔滔不绝。所以，观察到对方触碰嘴唇的微表情就是一个有力的关键，能帮助我们准确地去识别别人不愿谈及的话题。比如在一次同学聚会上，我发现在谈论到同学B的时候，同学A会时不时地触碰嘴唇，而在聊起其他话题后，该动作瞬间消失。后来了解到同学B原来和同学A交往过一段时间，虽然现在已经分手，但同学A自然不愿提及同学B。

手会告诉你

手是人类非常灵巧的器官，它在沟通中起着举足轻重的作用。下面三种关于手的形态，将会告诉你对方不为人知的内心意图。

第一，手臂交叉抱胸——防御与抗拒。

作家郎世荣在《微动作》中曾经介绍过一项有趣的实验，心理学家将志愿者随机分为两组，第一组在听讲座时被要求手臂不能交叉抱在胸前；第二组则可以出现手臂交叉于胸前的动作。与此同时，两组都被要求在听讲座时认真做好笔记。

实验结束后，实验人员在回收笔记时，发现第一组成员的笔记内容要比第二组成员的笔记内容平均多出40%。心理学家认为，听众双臂交叉在胸前的姿势不利于观点被认同，而当一个人不认同对方的观点时，也更容易将双臂交叉在身前，这就是心理学中的具身认知效应，即生理体验与心理状态间存在着密切联系。

可是，为什么会出现这样的情况呢？心理学家认为，人们在将手臂交叉抱胸时，本质上是在与对方之间建立起某种隔绝彼此的屏障，从而增强自身的防御能力。所以，当你观察到别人在和你说话时双手交叉抱胸，可以设法与对方一起同侧坐下来，摊开一张空白纸，把你们的对话内容的关键词在纸上写写画画，这样会迫使对方身体向纸张的方向前倾，客观上放下交叉在胸前的手臂，继而在潜意识上打开心扉，开始接纳你的观点。

第二，手开始握拳——焦虑与紧张。

你可能在一些影视剧中经常会看见一些关于手部动作的特写，尤其是剧中人物的手从放松状态转变为握拳，这是一种心理状态发生转变的表现。这类影视剧特写并非空穴来风，而是一种洞察人性后的真实表达。这和远古时期人们遇到猛兽之后的"战逃反应"（战斗或逃跑）有关，因为握起来的拳头可以作为攻击的武器，而武器能形成自我保护机制。所以，心理学研究表明，握拳往往意味着握拳者内心产生焦虑，没有安全感，需要用武器来捍卫自己。

当你能从对方握拳的微动作来解读出对方的焦虑情绪后，为了缓解对方的焦虑，你可以给对方倒一杯水，或者分享桌子上的食物，来缓解对方的紧张感和焦虑感。

第三，尖塔式手势——我很有信心。

除了防御和焦虑，还有一种手势能反映出对方强烈的信心感，这个手势就是尖塔式手势。该手势有点像双手合十的祈祷，但两个手掌之间却是分离的，对方的双手十个手指呈互相抵住状，犹如教堂的尖塔，故称为尖塔式手势。

在会议桌上，当有人在阐述自己的方案时如果做出了类似尖塔式手势时，他的内心必然充满着强烈的心理优势。这种优势很可能来自他对方案反复和深度的思考，也可能来自你并不知道的资源优势。当你捕获到尖塔式手势时，你就能立刻嗅出自信的味道，对方的方案就值得我们做仔细研究。

腿脚的语义

腿脚是离大脑最远，也是能揭示人们真正意图的身体部位之一。因为在漫长的人类进化历史中，我们的下肢保留了人类最本能的反应。下面的这两种反应十分常见，并且也能迅速地传达对方真实的语义。

第一，坐姿按膝——我要走了。

你有乘坐公交车或地铁的经验吗？你觉得站在哪个人的旁边更容易等到座位？不是那个放下手机的，因为那可能是她看手机看累了，改用蓝牙耳机听音乐了；也不是那个频繁看抵达哪一站的，他可能只是担心自己坐过站；而是那些把双手按在自己膝盖上的人，只要车一停，下一秒他就可能站起来下车。

因为按住膝盖一撑，人体就能很自然地站立起来，站起来后顺势就能离开，它表示对方已经想要离开。所以，当你下次看到谁的双手已经按住了膝盖，尤其当对方还是你的领导时，可千万别硬拉着他说话,因为他可能有更重要的事情,此时已经很难听进你接下来想说的内容。

第二,坐姿双脚一前一后——我想逃离现场。

这种坐姿通常会在一场有一定压力的沟通中出现,因为坐姿双脚一前一后是一种典型的"预备跑"的起跑姿势,是人们在遭遇尴尬或恐惧时下意识的反应。

无论是嘴唇、手还是腿脚所传达的信息,它们都比说出来的语言更诚实。当你能通过这些典型的微表情、微动作看透人们的意图时,你在观察维度方面就会更具备信息优势。

人物性格：不同的性格特征

让我们一起来进入这样一个场景：你正准备前往领导办公室，在门口恰巧听到领导在打电话，电话那头的人似乎在问领导一个问题，而你恰好又知道正确答案。此时，你会选择：

A：推门而入，大声地告诉领导答案。

B：悄悄地写一张纸条，把答案递给领导。

C：待在门口，假装没听见，等领导结束电话后再进去。

D：转身离开，等合适的时机再来。

别急着回答，因为这道题其实挖了一个坑等你来跳。这是为什么呢？

因为每个人的性格都是不一样的，不同性格特征的人偏好也必定有所不同。比如有的人特别在意隐私，但有的人却大大咧咧；有的人在做决定时十分痛苦、犹豫，而有的人则很有主见；有的人在饭局上能说、爱说，有的人则谨言慎行、沉默寡言。如果你对他人的性格了如指掌，并且能针对其性格特点对沟通策略进行调整，那么对方无疑就在和你打明牌一般，你们的沟通效率也能获得显著的提升。

本节会向你介绍两种主流识人工具，来协助你观察和识别他人性格，让你掌握不同性格特征者的特点和喜好，从而实现降维沟通。

工具一：DISC模型

DISC理论将人类性格大致分为D、I、S、C四种，为了方便记忆，后世学者用四种动物形象地来描述它们，它们分别是老虎型、孔雀型、考拉型、猫头鹰型，下面我们就来一一拆解。

D（Dominance），支配型，即老虎型。

他们有很强的控制欲，喜爱做决定，如果事情超出了自己的掌控范围会让他们感到非常焦虑。具有老虎型性格特征者通常都是目标导向非常强的人，如果一段时间内没有具体目标就会让他们感到非常不适。所以在和老虎型人格相处时，不时去询问他们的意见，和他们商讨明确的目标，使之有掌控感、目标感，这会令"老虎们"非常受用。

I（Influence），影响型，即孔雀型。

年轻的"孔雀们"总是喜爱出风头,希望成为人们目光的焦点;而资深的"孔雀"虽然已经学会了收敛,但如果他们的表现没能带来受人欢迎的效果,他们仍会感到挫败。因此,在和孔雀型人格互动时,要经常让他们感觉自己的行动被看见,被认可。尤其当领导是孔雀型人格时,就更应肯定领导,使其成为注意力的中心。

S（Steadiness）,稳健型,即考拉型。

考拉型人格非常温和,他们喜欢稳定不变的事物。"考拉们"很容易相处,不过他们最担心的是发生变化,且十分讨厌冲突。这其实非常不利于考拉们走上领导岗位,更不利于他们在资源有限的地方争取到份额。所以,在职场上,中高层领导中考拉型人格的数量相对较少。

C（Compliance）,谨慎型,即猫头鹰型。

猫头鹰型人格是典型的小心翼翼派,他们热衷流程和秩序,喜爱思考,擅长逻辑,能在方案中很快地指出风险所在,很少也很难轻易夸奖别人。同时,当他们自己被夸奖时也会显得非常谨慎,会担心你别有用心。因此,在和猫头鹰型人格接触的过程中,一定要实时观察自己与对方的边界感,因为他们真的很讨厌边界被冒犯。

除了以上四种动物,还有一种动物是一种通过进化而来的复

第二章 · 维度二：观察修炼

支配型（老虎型）
- 很快就能做出决定
- 从来不惧怕冒险与冲突
- 喜欢有竞争氛围的环境
- 想做制定规则的人

影响型（孔雀型）
- 能很快与他人建立起联系
- 可以轻松地表达自己的感受
- 可以构建人与人的交往模式
- 享受成为焦点

稳健型（考拉型）
- 喜欢熟悉的流程
- 善于倾听并表达出自己的理解
- 乐于助人
- 喜欢维持和平的现状

谨慎型（猫头鹰型）
- 可以精准地完成任务
- 做事前会谨慎计划
- 对自己期望很高
- 具有分析型思维

合型（Hybrid），即变色龙型。变色龙型人格通常是在经历了社会的历练后，在恶劣的后天环境中逐渐成长，在一次次锤炼和反思中习得了其他动物的优点，比如老虎的勇猛性、目标导向，孔雀的煽动性、高影响力，考拉的稳定性、内心淡定，猫头鹰的敏锐性、细微严谨。所以，如果你发现，你无法通过DISC工具来准确描述某个高手的性格特点时,不是心理学工具失效了,而是高手已经通过修炼,站在了更高的维度,这就好比武侠小说中功力尚浅的人无法看透功力深厚者的修为。因此,如果你想设法进一步看透人心,你就不得不求助于第二个更精细的工具来辅助你,以更小的视角为切口,实现入微观察。

工具二:MBTI模型

MBTI的全称是迈尔斯-布里格斯类型指标,它是由美国心理学家布里格斯·迈尔斯及其母亲库克·布里格斯基于瑞士知名心理学者卡尔·荣格的心理学说,在经过20多年实践与研究总结而成的类型指标。

我们之所以说MBTI比DISC更精细是因为MBTI会给你四把精细的尺子,每把尺子都有两头,代表着截然相反的两种性格特征。当你拿着这四把尺子去做丈量,我们就能评判一个人在以下四个方面的偏好程度到底如何。

第一把尺子:心理能量。你可以观察该对象属于外倾型(代号E, Extrovert)还是内倾型(代号I, Introvert)。外倾型人格通常会在和人聊天的过程中获得能量,你会发现有些领导,每次开完会后一定要与亲近的下属聊会天。有些同学无法理解这样的行为，是这位领导的精力过于旺盛吗？其实恰恰相反，他是在用这种外倾型人格独有的方式回血补能量；而内倾型人格则是在与人互动的时候消耗能量，你别看前一刻他还在会议室里滔滔不绝，但共乘一部电梯时他可能都会选择假装没看见你。所以，当你观察到一些表面上十分健谈的人在放松状态下更喜爱独处，这其实正是内倾型人格者在悄悄地给精神充电的信号。

第二把尺子：信息获取的方式。偏向于通过五感，即"听、看、闻、触、尝"来获取信息的人通常属于感觉型（代号S, Sensing）。他们更爱从细节着手，来了解一件事情的来龙去脉，他们有时候就像是一本活字典，对各类名词、数据如数家珍，能让你对他的记忆力暗暗称奇，而且感觉型人格还经常能发现许多常人难以注意到的线索，时常被身边人赞叹拥有一双"侦探之眼"。直觉型（代号N, Intuition）则更偏向于宏观，他们热衷于"模型"，也通常更具备大局观，擅长把具体的事情做抽象处理，并折叠成思维框架，你甚至能从对方的眼神中感觉到溢出来的智慧，古希腊哲学家苏格拉底就有典型的直觉型特点。

第三把尺子：决策方式。喜爱通过思考来做决策的人被称为思维型（代号T, Thinking），这些人极度理性、不讲情面、尊重逻辑、重视公平、倡导公正。思维型人格做事情往往一板一眼，决策的依据总是基于客观事实，不会因为你是小王还是老张而有丝毫不同，有时甚至让人感觉不通人情，令人不悦。回顾历史，包拯就是思维型特征的代表人物。尺子另一头的人更偏好感情用事，所以也被称为情感型（代号F, Feeling），情感型人格往往会考虑自己的行为会不会给别人造成什么不良影响，由于情感型富有同情心且追求和睦，有时容易被认为过于感情用事因而显得软弱。DISC中考拉型和孔雀型通常都会具有情感型人格的特征，比如三国时期的刘备就可以认为是情感型的代表。

第四把尺子：人生态度。尺子的一头是判断型（代号J, Judgement），判断型人格不喜欢迟到，喜欢把事情安排得明明白白、有条有理。如果你去观察判断型的工位，键盘、鼠标、笔记本电脑一切都显得很有秩序感，他们做事情也总是跟着进度表走，无论是工作还是生活都很有规律。尺子的另一头则是知觉型（代号P, Perceiving），知觉型喜爱变化，喜欢随意、开放、灵活的生活方式，他们身上最"不变"的特点是"变化"，大多数知觉型人格很认同"人生需要一场说走就走的旅行"。我就曾经服务过一位知觉型领导，周一开周会，周末就决定去大西北团建，着实让我们有些手足无措。

通过以上四把尺子，你观察的每个人都会呈现出四个代号的组合，比如ENTJ、ISFP、ESTP等，共计16种组合。在一些行业，比如制造业，会有ESTJ、ISTJ扎堆出现，这是由于该类工作需要大量具有细节、理性、有计划的工程师。你可以把你观察到的情况做一个预判，并把预判结论的代号组合分析，如此一来你就能获取一份更详细的人物性格偏好报告，从而指导你如何与对方互动。

人物思维：看透认知层次

假设你创业开了一家奶茶店，刚开业时生意火爆，排队可以排到街角，但不到一个月，生意情况突然急转直下。后来，你发现店里的几个伙伴都在私下讨论。

小白：周围的竞争太激烈了，上周附近又新开了两家店，抢了我们不少生意；

小强：我们要不要增加营业时间，多营业1小时就多1小时的收入；

小睿：我上次看了一篇报道，灯如果开得比较亮，晚上就会吸引更多顾客来光顾，我们要不换强度更亮的灯管试试吧。

出现问题或遇到困难的情况是帮助我们观察人、识别人的重要时机。面对相同的处境，每个人都会呈现出不同的反应方式、思维习惯，以及解决问题的切入点。有些人会把责任归因给客观环境，有些人会开始反思自己是不是不够努力并付诸行动，还有些人则会拓宽视野寻找解决方案。

人们的思维到底分几个层次？到底要怎样与不同层次的人

沟通才有效？本节，我将引入一个来自语言学家约翰·葛林德与"斜杠"学者理查德·班德勒（身兼数学家、心理治疗师和计算机专家）共同研究的学科——NLP（Neuro-Linguistic Programming，即神经语言程式学）思维层次，来帮助你有效地观察与识别他人的思维认知到底位于哪个层级，同时通过准确的定位，让你更有针对性地来和对方进行沟通互动。

NLP思维的下三层

第一层，环境层。

人在问题出现时通常都会产生压力，处于环境层的人往往在压力下会趋向于认为绝大多数问题的发生主要归因于"环境"。比如自己在办公室里受了委屈，便认为是领导太偏心或者同事排挤自己；做了几天自媒体发现没有阅读量，便认为是因为红利期已经过了；投资股票出现了亏损，便认为是被恶意"割韭菜"了。总之，一切都是别人的问题。

前文中奶茶店的小白显然位于环境层，这类人总是喜欢抱怨，他们的认知层次被锁死在这里，除非出现某些际遇，否则很难脱困。在沟通时，如果你识别出某人的认知水平位于环境层，最好的办法不是去纠正对方，给他掏心掏肺地说道理、摆事实，而是微笑着想办法抽身离开。毕竟,"不与傻瓜论短长"是你与环境层沟通对象相处的有效心法。

第二层,行为层。

比起环境层的人,位于行为层的人要表现得积极很多。因为行为层的典型思考模式是:我可以更努力。"越努力越幸运""只有努力才能改变环境"都是行为层人士的典型口号。因为努力,行为层获得的机会通常会比环境层的人要多很多。通过努力,也的确可以让绝大多数行为层的人从贫穷抵达温饱,从温饱抵达小康。

但个人的时间是有限的,努力到一定程度后,行为层的人必然会抵达天花板。就像奶茶店的小强,他建议营业时间延长1小时,这样的举措的确能线性地提升一些业绩,不过就如同小米创始人雷军说的那样,"不要用战术上的勤奋,掩盖战略上的懒惰"。面对位于行为层的人,一个有效的沟通策略是设法将他们往更上一层引导,开始和他们讨论策略。

第三层,能力层。

什么是能力?能力不仅是完成某个目标或任务体现出来的一种综合素质,而且还是直接影响效率,让目标顺利达成的个性与心理特征。同样的问题,有能力的人解决起来往往事半功倍。所以,能力从本质上来说,就是通过思考找到解决问题的支点,再通过实际行动验证思考的本领。

有别于行动层，你会发现绝大多数位于能力层的人在遇到问题时，他们不是选择应激式地立刻做出反应，而是停下来先思考突破的高胜率路径，或者先看一眼优秀同行的成功经验，翻阅相关的书籍、参考资料，站在前人的肩膀上，有策略地来寻求和验证解决问题的办法。很多企业中的骨干人员，大多都能踏上能力层，而像案例中奶茶店里的小睿就很可能拥有将来晋升为店长的潜质。

不过，策略通常也只能解决短期问题，所以更高层级的领导往往在和能力层的人进行沟通时会选择从更高维度、更长周期的目标或战略来做牵引，这种做法也能比较有效地去激发这类人去思考，继而实现他们进一步的提升。

NLP思维的上三层

说完了NLP认知金字塔的下三层，接下来，我们将开始继续向上前行，走进上三层。在上三层中，你的观察将变得从浅到深，由表及里。

第四层：BVR层。

什么是BVR？ BVR由信念（Believe）、价值取向（Value）

和规则与标准（Rule）三部分组成。

信念是某人对某件事情相信、信赖的一种思想状态。这个时代有信念的人并不多，但有信念的人通常会比没有信念的人在某条道路上能走得更久、更远，长期下来更有结果。怎么去观察一个人是否有信念呢？你可以从他平时说的话和做的事情两方面来识别和验证。比如"奉行长期主义"是一种信念，但有些人只是把它挂在嘴边，而在面临选择时又总是"目光短浅"或"及时行乐"，那他的这句话你也只能听听而已；而另一些人不一定说，却在践行。比如每周坚持写一篇文章，日复一日早起锻炼，真正地在践行"做难而正确的事情"，这样的人短期不一定能溅起多少水花，但正所谓"流水不争先，争的是滔滔不绝"，有信念的人总是会在一段时间后给人以惊喜。

价值取向是一个人在面对矛盾、冲突时的态度和立场。比如有的人特别大方，他为什么大方呢？可能因为他不希望别人看不起自己，也可能他想通过大方笼络人心，还可能他觉得钱财本就是身外之物，分享给他人自己能获得快乐。大方是外在的行为，价值取向则是内在的动机，只有同时观察其行为，洞察其动机，我们才可能真正地去认识一个人的本质。

规则与标准是一个人对自己的要求，是一种规律性法则在个人身上的体现。例如有些人对自己的要求是"行胜于言"，他们的规律性特点是嘴巴很严，不喜欢做承诺，尽管如此，他仍旧会全力以赴地通过策略去努力行动，最后还会交出一份还不错的答卷。相比之下，那些光说不练迟迟没有行动，或者行动缺少章法，以致最后拿不出结果的人则是"言胜于行"的代表。

在观察人的时候，如果你能清晰地去观察和洞察一个人是否有BVR，他的BVR可能是什么，你对他的理解也必然能帮助你形成一些合理假设。通过推衍沟通时对方的可能反应，可以为你与对方的某次关键沟通助力。

第五层：身份层。

身份层主要是看他人是如何对自己定位的。那么，怎样去观察他人对自己的身份认同呢？两个方法。第一，最直白的方式是在合适的时机直截了当地去问，对方想成为什么样的人。但大多数人对自己的定位并不清晰，因此当对方未能准确地说出自己想要成为的未来模样的话，说明他可能尚未抵达身份层。第二，询问并观察对方是否有特别尊敬的人。尊敬的人通常是一个人内心的投射，越尊敬某人，内心深处就越可能希望成为他。通过了解他人的身份认同，就能对前四层进行交叉验证，从而更立体地对观察对象进行深刻的了解。

第六层：精神层。

1983年，乔布斯曾经和约翰·斯卡利说："你是想卖一辈子糖水，还是想和我一起去改变世界？"约翰·斯卡利本来就是百事可乐的CEO，无疑在身份认同上早已抵达第五层。唯有"改变世界"的疯狂想法才能打动他。显然，能抵达精神层的人凤毛麟角，但这些精英都是能找到自己"人生使命"的人。

当然，在真实世界中，我们很难遇到这一层级的人，因为抵达精神层的人士往往都有极强的利他之心，拥有建立在前五层基础之上的彻悟，已经走上了顶级高手在"物质之山"登顶后前往"精神之山"的崭新旅途。

精神层
身份层
BVR层（信念、价值取向、规则与标准）
能力层
行为层
环境层

NLP思维层次

观察入微：洞察他人的真实意图

假设你新入职一家公司，受邀参与部门聚餐。聚餐中，部门领导客气地让你点菜，当你选了2~3个菜品后，你把菜单继续往下传，示意让其他同事们看看。你观察到接过菜单的同事抿起嘴笑了笑，然后看都没看就传给了下一位，就这样传了一圈后，结果没有一个同事愿意点餐，菜单又回到了领导手中。然后，你看到领导娴熟地完成了后续点餐，并轻声细语地告诉你，这里的土豆牛腩味道很好，不过和你刚刚点的香辣牛腱有些重复，他已经取消了你点的牛腱。接着他把菜单还给了服务员。

从上面的场景中，你解读出什么信息了吗？

冰山之下的内核

我们之前说，中国是一个高语境社会，所以别人嘴上说的内容可能只是表面的拘谨客气，未必是对方真正想要表达的意思。那么面对他人的含蓄表达，我们要如何才能通过观察来领会呢？

或者他人在与你沟通之前，我们是否能敏锐地提前获得某些关键信息，从而建立先发沟通优势呢？答案是，通过洞察和验证他人"冰山之下的内核"，逐步地描绘清楚观察对象的 VABE，结合 VABE 去做判断和行动。

什么是 VABE？它和我们上一节讲的 BVR 略有类似，但除了 V（Value，价值取向）与 B（Believe，信念）外，还额外提供了 A（Assume，假设）和 E（Expectations，期望）两个视角。在这四个视角当中，V 与 B 相对更长期、更稳定；而 A 与 E 则更偏向于短期，和沟通的场景强相关，它们都能帮助我们更深刻地理解你观察对象冰山之下的内核。

在上一节，我们已经清晰地解释过什么是价值取向和信念，下面我主要来讲讲什么是假设与期望。

假设是尚未验证的主张。有时候假设也是一个人对某类事物或某个人的成见。比如在前面案例的场景中，老员工对部门领导的假设是：领导是老虎型人格，平时都很霸道，对掌控感的需求强烈，所以不会给他们点餐的机会，之所以让大家点菜也只是假装客气而已。这类假设不无道理，不过需要注意的是，假设既然是尚未验证的主张，就仅仅只是概率性的估计。你对任何人的假设都需要在与其互动的过程中进行不断的观察与验证，调整对该类定性假设的估计概率，从而让你的假设更可能趋于真实情况。

期望是人们对某样东西提前勾画出的标准，也是对未来某时某刻达到某种状态的憧憬。举个例子，领导如果在饭桌上好似无意间问起某个同事，该同事的家人对于他每晚下班时间是否有要求时，结合我们之前讲的听话听音，你可以观察出该领导对于下属们的期望是什么吗？对，他希望被询问的员工能否下班后别急着回家，而是在办公室里多加一会儿班。

所以，在你和别人一对一沟通时，甚至你在一旁观看另外两个人的对话时，假如你能着重地从VABE这四个视角去做切入，你就很可能真正地做到观察入微，做到对他人"冰山之下的内核"一窥究竟。

四个方法学会洞察：VABE

想要具体实操VABE的洞察有四个方法，下面我会对这四个方法进行逐一展开。

方法一：通过"四个害怕"来洞察一个人的价值取向。

邻客电商创始人关苏哲老师曾经分享过一个关于"四个害怕"的理论，能辅助我们去洞察别人的价值取向。

第一个害怕是"害怕失败"，即对方是否由于风险过大而不愿去采取行动，只有等到所有的已知条件都成熟了，才能缓慢地做出决策。这种"不见兔子不撒鹰"的价值取向虽然有利于保存实力，不易涉险，但也很难在瞬息万变的市场和局势中捕捉到机会。

第二个害怕是"害怕犯错"，害怕犯错是一把双刃剑，因为如果是一位员工害怕犯错，那么他的责任心可能会偏强，做起事情认真负责，一丝不苟；不过如果后来他成长为一名领导，就必须学会"容错"，因为害怕犯错的领导会担心下属做的事情可能出现纰漏，以至于总是在临近最后时刻对下属说"你们让开，我来"，这种大包大揽的倾向会把自己累死，同时下属也始终无法获得提高成长。

第三个害怕是"害怕拒绝别人"，这是一种将情感因素凌驾于目标的价值取向。不可否认，任何地方都存在关系，但倘若由于"害怕拒绝别人"而无法直面冲突，甚至只能请别人代劳拒绝，那么这位同学的前进道路也会由于始终无法突破人情障碍，举步维艰。

第四个害怕是"害怕在情感上不舒服"，人性趋乐避苦是本能，但能忍受情绪上的痛苦煎熬则是本事。无法忍受情感上不舒服的人，在遇到困难事情时会出现逃避，逃避又导致交不出好结果，反而会遭遇各种不舒服。

当然，关于"四个害怕"的观察，仅仅提供了四个不同的视角，它们无法代表全部，但也能对一个人的价值取向归纳出一个大致的框架。

方法二：通过设计测试来验证假设。

就像我们前面说的，"假设"通常是别人埋藏在心底，尚未被验证的主张，如果你没能让对方的假设显性化，它就始终是一个没有被呈现出来的成见。那到底要怎样才能让假设显性化呢？答案是设计一个测试来做验证。比如案例中领导把你点的香辣牛腱换成了土豆牛腩就可以认为是一种测试，有经验的领导在说出这句话的时候，很可能也在观察你的微表情，从而判断你不服管的概率。当然，领导在测试你的时候，其实你也能从中了解（测试）领导的做事风格。当然，单次测试的结果未必准确，不过经过多次同一视角的测试，你验证出的假设就会趋近于真实情况。

方法三：从周围人的实际反馈中找到信念的线索。

周围人的实际反馈不只是用语言说出的，还有他们实际做出的行动。比如某个领导调岗后总是会有一批原来的下属追随而去，而另一个领导调岗却几乎没人愿意追随，这其中的差异就能让人解读出很多有用的线索。因为领导力中很重要的一部分表现就是追随力，没有追随力的原因是什么呢？有很大的可能性是这位领导的信念令原来的下属认为不值得追随。譬如在他的信念中，团队成员都只是工具人，只能做"手脚"，做不了"大脑"，因为"大脑"需要有与更高层级领导对话的能力，而目前的团队成员都没有。这种信念有问题的地方就在于，如果不给团队成员与更高层级领导对话的机会，这种能力就很难被培养起来。谁愿意一辈子做"手脚"，永远充当工具人的角色呢？这样的领导，除非员工走投无路，否则自然没有人愿意追随，用脚投票来远离他。这就是周围人最自然的反馈，也是你用来快速观察某人的有效线索。

相反，有些领导的追随力就很高，我曾遇到过一位领导，他会在有资源的时候优先想到分享给下属，员工犯错的时候也会如同导师一般帮你分析清楚问题。后来，我了解到了该领导的信念是"跨期回报"，即今天我对你好，因为我相信未来的某一天你也会对我好。人心都是肉长的，这样的领导力大大激发了他人的善意，让该领导拥有普通领导很难拥有的追随力。

方法四：通过洞察他人的动机来理解期望。

我们在"综合倾听"的章节中讲到过听话听音的目标是在别人的语言中听出"感受""事实"背后的"需求"和"请求"。同样的，在一场谈话开始之前，如果你能提前了解别人对你的期望，当沟通真正发生时，效果可能更好。当然，这需要从洞察他人的动机入手。比如你在进行跨部门沟通前，如果能在沟通前了解对方部门今年主要的考核目标、近期正在筹备的项目，你就有可能提前对你们的合作方案进行设计，同时把两个部门的利益交集设计在合作方案中。例如，对方的动机是希望有更多的渠道来销售产品，而你们部门的诉求是让更多的合作者能在销售高质量产品中赚到钱，提高渠道的健康度，此时你提出让对方做好选品和培训，对方就会有更积极的态度与你合作。

Part 03 第三章

维度三：感知修炼

本章是"感知修炼"模块，通过本章的学习，你将由外而内、由表及里地通过掌握同理心实现和他人的共情；通过理解感知—表达链路，让自己在感知到对方的情绪后做出更有效的表达，以实现沟通目的；通过一定的方法，放下对彼此的防备，拉近心理距离并产生信任感。这当中的整个过程，是从感知外界，到审视整个感知—表达链路，再到传递感知的过程。当你熟悉了该过程，大概率你可以在感知维度上上升一个台阶。

同理心：设身处地理解他人

你在微信上曾经收到过"在吗"的消息吗？你收到该类消息后会有什么心态？以前，每次我收到"在吗"时，回复前总有些许犹豫，尤其当对方和自己关系一般时，总怀疑对方的问话背后是否还隐藏着什么陷阱。可是，问出"在吗"的人真的会挖好陷阱等你来跳吗？可能并非如此，他们只是缺乏必要的同理心。

什么是同理心？同理心也被称为"共情力"，它是一种设身处地理解他人的能力。拥有同理心的人可以很容易地从别人的角度思考问题，做起事情来也能充分地考虑到别人的感受。同理心越强的人，就越能深刻地理解别人的痛楚与困难。可以说，当一个人在拥有一定程度的同理心后，他所设计的沟通方案由于能同时满足别人与自己的需求，也更容易获得对方的采纳。

既然同理心是一种在降维沟通中极为重要的能力，那么到底如何来修炼同理心呢？这就是我们接下来要重点研究的话题。

先天同理心

拥有同理心的人之所以能迅速地理解别人，是因为他们总是有很高的敏感性，而很高的敏感性则通常源于一个人的成长环境。

有一次，我的一位同事因腰椎间盘突出，久坐十分不适。没想到一位平时被认为并不具备同理心的同事拿出了他的一张瑜伽毯，请该同事趴在地上办公，最大可能地缓解其腰部疼痛。他的这一举动瞬间引起了我们的注意，纷纷夸赞他为暖男。为什么他的同理心数值突然暴涨呢？后来才知道，几年前他也曾遭受过同样的病痛苦恼。

所以你看，这类成长路上曾经体验过的经历，是不是能帮助我们很快地站在他人的视角，从他人的视角出发，去体察对方的伤痛甚至焦虑，继而以某方面显著优势的同理心让他人感觉自己被理解了，产生如沐春风的感觉。

修炼后天同理心

先天就拥有很强同理心的人并非多数。如果你和我一样是个先天同理心不足的人，希望能在后天通过修行习得这种能力，我们可以从四个方面入手，去逐渐训练出自己的同理心。

第一，撕掉自己"刚直"的标签。有很多人都喜欢声称自己性格豪爽，是"钢铁直男（女）"，如果这么说的动机只是一种降低他人对自己预期的策略，那并没有什么毛病。但是，更多人是在无意识的情况下一遍又一遍地给自己洗脑，最后真的笃信了自己给自己贴上的这枚"直性子"标签，以至于他们会在与他人相处时越来越不假思索、不经处理地就把真实想法和盘托出，并且最终从实质上造成了关系上的伤害，还认为这只是自己的性子直使然。

事实上，任由自己"同理心躺平"，以直性子自居的做法不仅在客观上很自私，还会令自己在社交中越来越孤独。由于过往你对别人造成过心理伤害，所以当你遇到困难的时候，别人也很少会有动机提供援手，甚至没人落井下石已经算幸运的了；而就算你在某件事情上获得成绩时，也会由于没有人愿意帮你传播，因此就算干成了事也总是"好事不出门"，功绩难以被扩散。

所以，撕掉自己"刚直"的标签是一种需要重点提醒自己的意识，当你有撕下这张标签的意识时，你在修炼同理心的道路上才算真正地觉醒了。

第二，降低"压力"要素。压力会抑制我们的同理心，加拿大麦吉尔大学心理学教授杰弗·摩泽尔在一项研究中将受试者随机分为两组,其中一组受试者被安排服用抑制压力激素(皮质醇)的美替拉酮药丸。接着两组受试者都被要求单独与陌生人结为一对,并在陌生人的手臂浸入冰水中后去评估对方痛苦的程度。结果显示,服用了美替拉酮药丸的受试者表现出更显著的同理心。

但在现实生活中,我们不可能依靠服用药丸来降低"压力"从而获得共情能力的提升。我们必须去寻找其他更健康有效的方式来设法积极降低"压力"要素。什么才是更健康有效的方法呢?我们每个人都有三种压力,它们分别是身体性压力、得不到快感的压力和所做的事情得不到认可的压力。降低身体性压力的最佳办法是睡眠,即让大脑皮质整体休息;得不到快感的压力则因多巴胺神经失控造成,因此通过韵律运动,如慢跑、快走等血清素锻炼或者冥想、内观等放松练习,都能有效地激活大脑皮质,让精神获得安定;而针对得不到认可的压力,则可以通过眼泪疗法,即通过流泪来让交感神经获得释放(有田秀穗认为,因为晚上比早晨积累的该类压力更多,故晚上使用眼泪疗法效果更好)。通过上面降低压力的方法,可以有效地提高我们的同理心。

第三,通过阅读与观影被动提升同理心。为什么阅读与观影也能提升同理心呢?因为优秀的作品本身就有极强的代入感,能让人在阅读或观影时真切地体验到主人公的痛楚。痛楚是伤口,伤口很敏感，所以当我们体验了这些痛楚和伤口后，回到现实生活中，我们也就更能与人进行共情了。比如影片《我不是药神》里癌症病人由于治疗药物过于昂贵，以至于发声："为了吃药，房子没了，家人被我吃垮了……你能保证一辈子不生病吗？我不想死，我想活着。"很多人看到这里都泪目了，但正是由于这些眼泪，观影后的观众才会对癌症病人多了一份同理心，在现实生活中也能对病患、对弱者多一份同情。同样地，著作如《红楼梦》《资治通鉴》，其他影片如《阿甘正传》《肖申克的救赎》《辛德勒的名单》等，也都能在不同方面让人体验痛楚与无奈，让我们滋生更强的共情能力。

第四，进行代入感练习以主动提升同理心。这是一种假想自己就是对方的练习手法。该练习手法要求你放慢思考速度，闭上眼睛，用心体会如果自己就是对方会有什么感受。举个例子，比如你突然发现自己的领导最近的行为特别激进，你很好奇这是怎么回事儿。通过代入感练习，你会仔细去搜索最近到底发生了哪些变化，什么变化又和你的领导有关。最终你锁定到，原来是一份任命文件触发了领导的神经。因为该领导以前同级别的同事获得了晋升，而他自己则依旧原地踏步，而他最近一系列激进行为几乎都发生在该同事晋升之后。通过代入感练习，就仿佛思想钻进了他人的大脑一样，能够切身体会到别人情绪发生的变化。

当然，由于每个人的信念、价值取向、个人原则不一样，有时也会出现你对别人的举动不理解的情况，此时就要用代入感类比练习的方法去共情，从而解决偏好不同的问题。比如有人不爱吃香菜，一个缺乏同理心的人会觉得，香菜那么清香可口，为什么会有人不爱吃呢？但如果你用你自己不爱吃的食物去做类比，你就能通过这种代入感的类比练习去体会自己在面对不喜欢的食物时的反应，继而更有效地实现共情。

感知—表达链路：
从感知到有效表达

同理心是一项重要的能力，因为通过共情，我们能准确地捕获到别人的情绪、当下的状态甚至内心的诉求，但同理心只是整条感知—表达链路的开端，我们还需要在大脑中进行后续修炼，才能真正地把感知到的信息转化成对我们有效表达有作用的准备。

在此过程中，感知—表达链路就是能在微观上帮助我们厘清应该在哪些关键节点上去下功夫的重要链路。

感知—表达链路中的四个"小人儿"

什么是感知—表达链路？它是沟通者为了实现某个具体目标，从捕获信息到加工判断，最后做出表达的整体过程。《人生算法》的作者喻颖正曾经指出，每个人的头脑在从接收信息要素到最终通过组织语言表达出来的整个过程，看似是电光石火、转瞬即逝的一刹那，但实际上却是你大脑中四个"小人儿"闪电接力的结果。这四个"小人儿"分别是感知、认知、决策和行动。它们的接力在沟通场景中形成了感知——表达链路，这条链路的有效性决定了你是否最终能做出有利于沟通目标的表达。

在这四个"小人儿"中，感知"小人儿"的能力强弱取决于我们上一节讲的共情力，即你是否能通过不断修炼同理心实现快速体察，感知别人的痛楚，探查他人的焦虑，获悉对方当下的情绪状态及其可能的需求。

在此过程中，感知"小人儿"是信息的搜集者，它会把搜集来的信息接力给认知"小人儿"来做加工处理；认知"小人儿"则主要负责信息解码和沟通方案的生成，它会解码输入大脑的信息，结合你的过往经验，迅速地形成多种可能有效的方案，再进一步接力给决策"小人儿"，让其去做判断题或选择题。而当决策"小人儿"接到这些沟通方案后，会开始审视这些备选方案，然后从中挑选出符合自己想法或感觉更有利于达成沟通目标的方案，并把该唯一方案接力给行动"小人儿"，让它去执行。最后，行动"小人儿"在接到决策信息后就会行动起来，开始对外输出，根据决策"小人儿"给定的方案在真实世界中做出表达或者反应。

以上这一系列如露亦如电的信息收集、解码生成方案、判断选择和表达行动的链路交织在一起，都发生在一瞬间，你只有认真仔细地用慢镜头一步步地做回溯、拆解与分析，才能从中反思到底哪里做得好，哪里出现了问题，继而为下一次从感知到表达的过程做好准备。

感知—表达链路中的失效分析

由于整条链路都是串联的，所以只有四个"小人儿"的接力完全有效，整条链路的运作才会有效。而只要有一个环节出现了问题，那么整条链路就会失效。下面我们就用放大镜来透视这四个"小人儿"，看看通常最容易在哪里出问题。

感知"小人儿"的失效往往有两种可能。一种是共情能力不足，无法准确地识别出他人的情绪状态。比如直男在女友发微信说自己生病时提醒对方"多喝热水"就是此种典型，通过上一节的方法有意地不断修炼同理心，每个人都可能获得长足进步。另一种可能是注意力投入不足，比如你的下属或平级合作同事明明已经表现出情绪不稳定的端倪，但你通常把大量注意力都投入到了领导身上。短期看起来好像没什么问题，但时间一长，不但下属流失会直接造成生产力不足，平级伙伴工作效率低下也会连累到你，而且还可能令你被其他人贴上"唯上主义"的不良标签。

所以，无论是为了中长期利益还是自己的口碑，你都应该刻意把相当一部分注意力投入在与自身利益强相关的人身上。

认知"小人儿"通常也会掉到两类陷阱当中。一类是选项不足，另一类则是路径依赖。

"选项不足"顾名思义，是当你准确感知到某种情绪或诉求后并没有创造出足以产生沟通效果的选项。比如在家庭教育的场景中，很多父母都会答应孩子在完成一项作业任务后有一段休息时间，于是孩子在这样的期待下就会急于求成，拼命加快完成任务的速度，对作业的正确率却不管不顾。

紧接着，家长就会发现孩子作业的错误率很高，最后只能通过责骂来督促孩子多检查，尽管责骂、强调目标的效果可想而知不会好。而善于总结的家长则会在感知到孩子急迫想要休息的情绪下，由认知"小人儿"创造出一些创新选项，比如和孩子约定，如果错误率低于5%，可以把休息时间从15分钟延长到30分钟，但如果错误率大于10%，则要缩短休息时间，比如只能休息5分钟。

在认知"小人儿"增添了更多选项的情况下，激励的差异就可能令父母达成"养成孩子自己认真检查作业习惯"的效果。所以，当我们感知到某些诉求时要多想一想，而不是急于用老一套的认知方法论去做判断、急于责骂，试着多思考、多学习家庭育儿类的知识，去检阅有没有更多的创新选项。这样做既能让沟通获得更好的效果，也可以让自己变得更聪明。

"路径依赖"则是另一种认知陷阱，它是指当人们做出了某种选择后，会走上一条"不归路"，惯性的力量会让自我在心里不断地强化对该选择的认知，很难走出去。这样讲有些抽象，我来给你举个例子。我曾见过一位经理，他有极强的感知能力，能很快地把握住你的情绪，也知道你想要听什么，但在他的认知系统中存在一个很大的漏洞，即他过于依赖"捧高踩低"的表达策略来行事。通常他在希望一位员工做某件事情时会说"之前干这件事情的人做得有多不好，你很有实力，相信你可以把它做好"，这种表达策略通常在员工首次接触时会很奏效，甚至还会让人产生终于有领导发现自己有才干，将要被重用的错觉。

但正所谓"天下没有不透风的墙"，当员工们通过私底下的交流发现，大家都被该经理"捧高踩低"了一回，这是他的惯用策略，这策略就立刻"不香了"。员工们也马上会产生一种被套路的感觉，这就会让他们产生一种"这位领导不值得追随"的感觉，甚至一有机会就想"用脚来投票"。因此，既然路径依赖是一种认知陷阱，我们就要有意识地去觉察自己是否总是偏好于在表达时使用同一种方法，思考这种方法会不会有副作用，从而摆脱过于依赖同一种策略的惯性，继而避免自己的认知"小人儿"

陷入窘境而不自知。

决策"小人儿"在哪些情况下会失效呢？答案是：在你的情绪超出某一阈值的时候。我的那位企业创始人朋友曾经就在自己特别高兴的时候一时口快，向一位马上就要入职五年的老员工承诺了一份数额不小的"久任奖金"。事后他十分后悔，问我怎么办？我的回答是："古时候都说'君无戏言'，你作为创始人，既然已经答应的事情就尽可能别去反悔。"但他又担心这笔"久任奖金"发出去后会形成惯例，以后每个入职达五年的老员工都会期待这份奖金，如此一来奖金就变成了"必发项目"，丢失了激励效果不说，还会给自己带来极大的财务压力。显然，因一次决策"小人儿"的判断失误，他把自己置于了两难的境地。

另一种情况是处在情绪非常亢奋、超出愤怒阈值时，决策"小人儿"也可能做出不理性的判断。比如一位同事被别人抢了功劳，一气之下提出辞职；又如忍受不了直属上级的歧视和针对，一怒之下在社交网络上公开发布不当言论等。这都会在一定程度上给自己带来麻烦或损失。

所以，有一句话说得好："忍无可忍，再忍一会儿。"

最后是行动"小人儿"，它会不会在接力中掉棒呢？当然也会。行动"小人儿"最可能发生失效的场景是拖延，通常由于动机不足而造成。比如有些公司主管一定要拖到人力资源专员反复催促，才开始面谈员工绩效。不过，拖延都被认为是不好的事情，但在"感知—表达链路"中却未必一定是坏事。

你可能听说过诺贝尔经济学奖得主丹尼尔·卡尼曼在其著作《思考，快与慢》中提出的"快思考与慢思考"理论，其中"快思考"容易因认知偏差或考虑不周而做出错误判断，最后做出不可挽回的错误行动，尤其是在根据应激反应而立刻做出语言反馈时。而慢思考则是充分调用理性和智慧的思考方式。所以，如果条件允许我们在整个"感知—表达链路"的过程中，在任意两个"小人儿"接力时充分调用慢思考进行审视、感受和反思，我们就能为本次和下一次"从感知到有效表达"做好更充分的准备。

信任感：拉近心理距离

你听过"猜疑链"吗？科幻作家刘慈欣在《三体》中这样描述，两个个体在没有交流前会对对方产生猜疑，你会猜疑对方的想法，对方也会猜疑你的想法；当你猜到了对方的想法，对方也猜到了你的想法，你们会继续去猜——当对方猜疑到了我的想法后又是如何想我的，而对方也会去猜当你猜到了他的想法后又是如何想他的……如此往复，就演变成了一条猜疑链。

在此基础之上，有了著名的黑暗森林法则，即假设不发动主动攻击为善，发动主动攻击为恶，在宇宙这座黑暗森林中，由于我方文明不知道你方文明的善恶，一方文明如果被发现，就必然会遭受到其他文明的打击。

黑暗森林法则备受争议，而且，在现实生活中每个个体受到法律保护，很少会因猜疑链而去打击消灭对方。但在人与人之间的交流过程中，我们经常会有类似的感知：如果彼此猜疑，那么信任感很难建立起来；信任感建立不起来，不仅彼此说话会非常小心，而且协作起来也并不顺畅。尤其当这种不顺畅发生在同事与同事之间，领导与下属之间，这种因信任感不足而带来的协作问题无论对事还是对人都会产生不良影响。

所以，本节作为"感知修炼"的最后一节，其目标就是在信任感上下功夫，通过一定的方法让彼此放下防备，拉近心理距离。

信任感的本质是什么？如果两个人能彼此真心地说出两句话并能切实做到，那么他们就能建立起坚实的信任感，这两句话分别是"我没有伤害你的意思"与"我真切地为你好"。

如果你去仔细观察多数父母与孩子，他们之间为什么天然就会有这种坚实的信任感呢？答案是：父母或孩子本能地就不会伤害对方，而且彼此也的确想要为对方好。而在职场中，为什么有些领导并不信任下属；又或者一些下属嘴上不说，但心里也并不信任领导；同事之间也很难形成良好的信任关系呢？因为职场本身就是一个资源争夺的场域，在该场域中，如果没有一定的方法，彼此之间就很难传递出用来确认"对方不会伤害自己"以及"对方会对自己好"的感知，甚至有时候还会擦枪走火造成"误伤"，无意间的一些言语或行为，会传递出些许火药的味道，这就让本就脆弱的信任感雪上加霜了。

因此，为了避免误伤，同时也为了能更好地放下防备，拉近彼此的心理距离，我这里介绍三种切实可行的方法，通过使用这些方法，希望你可以快速地与他人建立彼此间信任的感知。

方法一：建立职场中的关系

虽然我们有时候未必会承认，但"一日为师，终身为父"的说法或多或少已经印刻在了我们的潜意识深处。这就会让人更相信"自己的徒弟（师傅）不会伤害自己，会对自己好"，当正向的循环多重复几次，这种师徒间的信任感就会产生并且被加固。

比如我以前在传统制造业工作，班组长管理操作人员是一道让很多基层管理者头疼的难题。在我管辖的部门中，有一位刚提拔成监理的下属很会处事，经常向我请教操作人员排班场景中遇到困难的解决方案。经过几次交流，我把自己用过的一些谈判、说服小技巧传授给该监理，该监理也很自然地称呼我为师傅。在这种角色身份的代入下，我能很清晰地感知到自己与这位下属的信任感明显强于我与其他下属。

作为一种能迅速地建立彼此信任的方法，你不仅会在国内的职场中见到许多师徒关系，而且在国外职场上也会有类似的职场导师。通常职场导师会从三个方面来帮助职场新人获得成长。第一，针对个性化事件的辅导；第二，在重要面谈或汇报之前的模拟演练；第三，看到新人的盲区时，以丰富的经验来给予点拨。

正是这种更纯粹的帮助，暗合了"不伤害"和"对你好"的信任感法则，因此也在客观上让职场导师与被辅导者之间放下了防备，建立起信任纽带。

所以，就算你所在的企业里没有职场导师的制度，如果你能在洞察对方VABE的基础上，刻意与品格良好的领导或前辈建立师徒关系，这就是你与对方迅速地拉近彼此心理距离，建立信任感的有效路径之一。

方法二：裸心表达

建立师徒关系更适合用在年龄、职级差距较大的两人之间，那倘若年龄、职级相近，想快速地建立信任，要怎么做呢？最有效的方法是裸心表达。

裸心表达是阿里巴巴公司内部的一个创新工具。裸心表达要求沟通双方或多方用相对舒适的姿势围坐或并肩坐在一起，让大家轮流讲讲自己的童年与过去，自己是怎么成长起来的，在成长的过程中有什么记忆深刻的高光时刻，有什么糗事或至暗时刻，在这种互诉衷肠的氛围中真正认识别人，也让别人认识自己。

比如有一次我加入一个新部门，同事们都认为我是一位高产的作家，总会有些距离感，轮到我做裸心表达时，我讲了一个童年故事：

"我在小学一年级的时候胆子非常小，有一次看到几个二年级学长在打架，心里很害怕，于是拔腿就跑。其中一个学长发现有人逃跑就立刻追了上来，我回头看到，以为有人追我，更害怕了，脚下没站稳就摔了一跤，结果把嘴唇都摔破皮了。"

同事们听了我的"自黑"故事后开心得合不拢嘴，看到了不一样的我，接着也各自坦露自己过往的糗事、人生中最艰难的时刻。在这场裸心表达后，我能明显感觉到大家的心理距离拉近了不少。

这种打开心扉的分享之所以很有效果，是因为裸心表达的方式能极大地增加你与平级同事之间的透明度，从心理学工具"乔哈里视窗"的专业角度来讲，以真诚为核心的透明表达客观上扩大了"我知你也知"的开放区，缩小了"我知你不知"的隐藏区、"我不知你知"的盲目区，说不定还有机会扩大"我不知你也不知"的未知区。这样的表达从内心感知上增加了"你不会伤害我"的亲近感，所以每次做完裸心表达后，很多同事之间都会产生一种共享了过往，将要共创未来的积极感受。

方法三：善用"个人沟通说明书"

另一个行之有效的方法叫作善用"个人沟通说明书"。如果你是一个小团队的领导，你就能用这个工具来帮助团队成员快速地找到彼此的沟通界面。

个人沟通说明书一共有以下四个项目，需要每一位团队成员自行填写并公之于众。

第一，我希望你怎样与我沟通。这是一个人希望别人与自己沟通的方式。比如有的人喜欢通过结构化的文字来交流，而有的人则认为书面沟通太冷冰冰，更偏好面对面、你一言我一语的沟通；有的人希望别人能对自己坦诚沟通，而另一些人更希望彼此可以含蓄一点。

第二，我不能被触碰的红线。提前讲清楚自己深恶痛绝的内容，有利于设立彼此的底线。例如有些人明确表示自己气量不够大，不希望自己被开玩笑；还有些人会要求别人在他深度工作时千万不要打断他。

第三，我擅长什么，你可以获得怎样的支持。都说团队是长板原理，每个人都明确地贡献出自己的优势，有利于传递出"我真切为你好"的信息。比如有的同事非常擅长写PPT，有的十分擅长与外界打交道，还有的特别擅长使用Excel公式。

第四，我不擅长什么，需要你怎样支持我。示弱能在一定程度上传递"我不会伤害你"的信息，明确地指出自己的弱点还能与第三条中他人的优势项目去做匹配。

事实上，一个优秀的团队都会赞赏差异，取长补短，互相成为背靠背的战友，当团队中的每个人都能认真地填写个人沟通说明书，把自己的沟通期待、红线、优势、劣势摆在台面上时，这个举动本身就能让相处中的透明度增加，在很大程度上清除猜疑链，令团队成员之间的透明度和信任感获得显著提升。

Part 04 第四章

维度四：提问修炼

在之前的章节中，我们进行了关于倾听、观察和感知的修炼，这三个维度的精进将帮助你快速、有效地捕获各类信息，提高沟通效率。从本章开始，我们将不再仅限于接收信息，而是开始学会主动出击，在提问维度上进行修炼，打磨自己的提问方式，用挖掘式提问尽可能多地获得有价值的信息；用选择式提问与他人达成共识；用启发式提问令他人获得收获，令自己获得尊重。

挖掘式提问：深挖有价值的信息

我们在之前的章节中曾经提到过，人类的内心像一座冰山，显露在冰山之上的部分只是最表面的一部分，除了通过观察去探查他人冰山之下的VABE，挖掘式提问也是一种能帮助我们了解他人，甚至还能帮助他人了解自己，共同获取有价值信息的方法。

范式一：量化式挖掘

什么是量化式挖掘？它是一种使用量化手段来评价某种感受的提问方式。比如你一定做过类似的问卷调查："对于之前的服务，如果满分是10分，您会打几分？"没错，这就是非常典型的量化式提问。那么，量化式挖掘如何被运用在日常提问上呢？

有一次，一位同事的女儿在幼儿园上课时，和老师说自己心脏疼。老师被吓坏了，然后就马上打电话把事情告诉了我同事。同事接到电话后也被吓得不轻，乱了方寸。他迅速地向我们描述该情况后,我提议:"请老师问问孩子,如果不疼是0分,最疼是10分,现在的疼痛感大约是几分?"同事立刻编辑信息发给老师,几分钟后,老师回复:"3分。"听到只有3分,同事悬着的心总算放下来,从焦急中恢复了理智。

为什么量化式挖掘如此好用呢?这是因为它能快速地帮助别人或者自己厘清原本无法量化其严重程度的情景,从而协助我们准确地做出判断,采取行动。除了运用在病痛的量化上,量化式挖掘还能使用在价值评判或情绪疏导等原本有些不太容易厘清思路的场景当中。比如,有两份工作都很吸引人,一时无法判断到底应该选择哪一份,此时,就可以使用量化式挖掘的方法,从薪酬收入、成长性、项目喜爱程度、擅长程度等方面做综合量化判断,最终根据数据的加权之和来得出结论。而在他人或自己情绪陷入低落状态时,也可以用量化式挖掘的办法让情绪低落的人给当前的心情打分,接着通过尝试各种不同的解压活动来感受自身情绪数值的变化。

范式二:投射式挖掘

投射是一种心理学技巧,最早由心理学大师弗洛伊德于1894年提出。在弗洛伊德看来,投射是一种在个人的自我与超我对抗时，能有效地降低自我罪恶感的防卫方式。这种方式通常以"更改评价主体"或"更改事件主体"的形式来实现。通过投射，个体可以把自身的态度、动机、欲望、性格、当下的真实状态反映在映射对象的身上。

比如你直接去询问一位职场人士："你觉得你们公司的价值观对员工来说是不是只是一句口号？"由于关系到切身利益，被提问者的内心会立刻升起防范之心，也就很难问出真实评价。但如果尝试换一种投射式挖掘的问法，把问句变成："你觉得大多数公司的价值观对员工来说是不是只是一句口号？"由于"评价主体"发生了更改，被提问者也就更容易回答出他内心的真实想法。

另一种情况是"更改事件主体"。比如你想要了解一些职场人士的家庭存款情况，直接询问别人"你家的存款有多少"，不仅突兀，而且涉及敏感信息，会显得非常不礼貌。有经验的人就会更改事件主体，比如了解到待调查对象是上海30岁左右的白领，你就可以把提问改成："上海30岁左右的白领家庭大概会有多少存款？"这种问法，就可能让对方根据自己的家庭情况为锚点，提供一个与锚点临近的数据作为答案。

除此之外，为了进一步验证投射的答案是否正确，有经验的提问者还会在对方给出答案后用"那么你自己的情况呢？"来进一步询问。比如经理在调查上夜班时员工会不会偷懒睡觉时得到了肯定的答案，此时再进一步询问对方的情况，同时加以微表情的观察，你就更容易推测出该员工是否也存在夜班工作时有偷懒睡觉的情况了。

范式三：追问式挖掘

上推与下切是追问式挖掘中最常被使用到的工具，它们都源自NLP（神经语言程序学），是其中的一种提问技术。其中的"上推"是指通过询问更高层次、更有意义的问题引导被提问者进行范围更广的思考；而"下切"则是通过缩小提问范围，更深入细节，引导对方把注意力聚焦在具体问题和行动当中，进而设法了解问题产生的根本原因，针对根本原因解决问题。

通常，职业生涯咨询师是"上推"与"下切"的高手。

来访者："老师，我最近一年很困惑，想跳槽转行。"

咨询师："你为什么想要跳槽转行呢？"

来访者："因为我现在做的这份工作只是简单重复，我在工作中体验不到价值感。"

咨询师："你心目中的价值感是什么样的？"（"上推"）

来访者："我希望做有挑战的工作，希望能做一些从0到1的事情。"

咨询师:"在你目前的工作中,有没有产生价值感的部分?"("下切")

来访者:"很少。"

咨询师:"能举例说一下这些很少的例子吗?"

来访者:"比如我做了一个自动化的报表,当我用自己开发的自动化报表来批量处理简单重复劳动的时候就会获得成就感。"

咨询师:"你的工作中是否还存在类似可以用程序来自动化的机会呢?"("下切")

来访者:"会有一些,如果能把它们都自动化、程序化,的确可以大大地提高工作效率……"

咨询师通过1次"上推",2次"下切",成功地帮助来访者在他原本的工作中找到了可以产生价值感的部分。

结合NLP的六大认知层次使用"上推"和"下切"的技术效果会更好。比如当人们抱怨环境糟糕的时候,环境层上推一层为行动层,我们就可以问:"在无法改变大环境的前提下,你可以采取什么行动做出一些积极的改变?"又如某人已经在行动上很努力了,再上推一层为能力层,提出的问题就变成:"通过什么样的策略可以提高努力的效率?"下切也是如此,身份层下切一层为BVR层,如果某人将来的目标是成为创业者,那么就可以立足未来企业创始人的身份向他发问："企业家需要什么样的信念、价值观和准则来做支撑？"

当你能熟练掌握"上推"与"下切"的技术时，就能在实践过程中越来越收放自如地使用追问式挖掘。

范式四：假设式挖掘

假设式挖掘是一种通过假设直接唤醒被提问者反应，从而获得有价值信息的提问技巧。假设式挖掘通常有三种模式，它们分别是角色假设、时间假设和场景假设。

角色假设，是一种迫使被提问者进行换位思考的方法。比如我们经常在影视剧中看到名侦探会闭上眼睛假想自己是犯人时，思考可能会遗漏的细节，以及犯人会做出什么判断，接着再切换角色回来，从这些细节和可能的判断中去寻找突破的线索。

时间假设，是通过假想时光穿越的方式去挖掘关键因素，从而设法提前做出有效计划。比如"事前验尸"法，项目组会要求所有参与者一起讨论："如果项目失败了，最可能是哪里出错了？"通过绘声绘色地描述项目失败时的情景，与会者通常都能挖掘出许多潜在的问题，之后就可以根据这些潜在的问题进行查漏补缺。研究表明，"事前验尸"可以将保证结果正确的能力提升30%。

　　场景假设,是通过思想实验的方式让被提问者把自己代入某个场景中去体验,继而输出观点的方法。比如著名的火车实验,假设铁轨上有5个孩子在玩,一列失控的火车疾驰而来,此时你恰好站在能改变火车行进方向的扳手旁。你一用力推动扳手,火车就会驶入另一条轨道,但那条轨道上有1个老乞丐正在睡觉。你会不会推动扳手呢?通过类似的场景实验,你就能在一定程度上了解其价值观。

选择式提问：引导想要的答案

在表现古代行军打仗的文学著作或影视作品中，军师或谋臣通常会在帐中和主公秉烛夜谈，正当主公苦恼战事陷入僵局的时候，军师会不疾不徐地娓娓道来："属下有三个方案，可解眼下之困局，供主公定夺。"然后军师开始详细地展开三个方案，细说其中的利害。

军师通常都是智谋高超之人，但他们为什么不能根据当下的情况审时度势，直接给出最佳方案呢？事实上，军师之所以使用这种"选择式提问"，背后的动机是想要通过提问来给主公掌控感，同时让主公在自己给出的建议中挑选一个，以迅速地达成共识，获得想要的结果。

选择式提问的优势

你最早接触到的选择式提问可能来自这个故事：有甲乙两个卖鸡蛋灌饼的小贩，两人生意繁忙程度差不多，但乙小贩总是能比甲小贩卖出更多的鸡蛋。究其原因,是因为甲小贩只问顾客要不要加鸡蛋;而乙小贩的话术则是"您要加一个鸡蛋还是两个鸡蛋"。乙小贩的话术,正是典型的选择式提问。它是一个位于NLP能力层中的策略,能有效地让你通过提问来获得想要的结果。

可是,你一定会好奇,为什么选择式提问会如此有效呢?这其实与被提问者的心理状态有关。美国人格心理学家亨利·默里曾指出,人类对于"自己决定一件事情做或者不做"有一种与生俱来的需求。这种需求和人们的生理需求、安全需求、社交需求一样,都是人生在世的基本需求,倘若基本需求无法获得满足,那么被提问者的幸福感就会下降。

请仔细感受一下如下两句话,你可能就会有切身体会:

第一句:"你能不能去把垃圾倒了?"

第二句:"你想今晚下楼散步时倒垃圾还是明天早上上班时把垃圾带出去?"

很显然,前一句虽然是祈使句,但依然带有较重的胁迫感,被提问者只能在憋屈地接受任务或者与提问者的对抗中做出选择;而后一句尽管需要做的事情是一样的,但至少掌控权在自己手上。

事实上,为了验证这种感觉不是特例,亨利·默里教授还特地安排了一项心理学实验来验证该假设。教授把被试者随机分为两组，实验组被要求强制玩一种原本很有意思的积木游戏，而对照组则可以在实验场地中选择玩或不玩。一段时间后，实验人员假装宣布实验中场休息，实则在单相玻璃镜后暗中观察。结果发现，被强制要求玩的实验组果然出现了逆反心理，仅有个别人会继续玩积木，而对照组中则有更多人仍旧对积木游戏感兴趣。

实验的结果一目了然：人们在拥有选择权的时候才会拥有更强的内在动机。所以，军师让主公在三个方案中选择其一的选择式提问是高智商谋士为人处世的高明表现。

有更多证据表明选择式提问的可靠性。在人类动机研究者、美国知名心理学家爱德华·德西博士的著作《内在动机》中记载过一个令人惊叹的案例。

德西博士有一位挚友，其姑妈患有严重的高血压，经常由于用药不及时而进医院。尽管医生一再告诫她"药不能停"，但姑妈把这当成耳边风，一只耳朵进，另一只耳朵出。可是，一段时间后，事情突然改观，姑妈居然奇迹般地做到按时服药了。此中原委竟是姑妈之前的医生调任，另一位懂得选择式提问的医生成了姑妈的治疗医生。

该医生在吩咐医嘱时问："你愿意在一天的早上服药，还是下午服药，又或者晚上服药呢？"姑妈每晚临睡前都有饮用牛奶的习惯，就问医生说："那我是否可以在每晚睡觉前用牛奶送服药物呢?"由于该药丸与牛奶不会发生作用,医生说:"当然可以。"

你看,当我们更换一种提问的方式,把问句改装成选择式提问时,你是不是就更容易获得自己想要的结果呢?

选择式提问两步走

理解了选择式提问"是什么"以及"为什么"是怎样产生效果的,那么"怎么做"就相对简单了,一共只有两个步骤。

第一步,梳理好你自己的目标。我们之所以要进行选择式提问,主要是希望通过对方的选择达成共赢的局面,即对方能从你给出的选项中找到解决自己问题的办法,你也可以通过对方做出的选择来解决你的问题。

比如一位经理,他的目标是周末两天每天都安排一个人来值班,但他只有一位下属。此时,他就可以询问该下属:"你周六有空来值班还是周日?"当然,无论员工哪天来,经理都可以另一天来。通过让员工先选,一方面可以给员工选择权、掌控感;另一方面也是告诉员工,自己也是要来值班的,能让员工觉得经理陪自己值班,很公平。

第二步,给出2~4个选项,供对方来选择。当然,有些选项可能更复杂，不是周六或周日值班这种二选一的选项，这就需要你在进行选择式提问前做好准备，提前计划好多个备选方案。这类场景通常发生在向领导做选择式提问的时候，需要你设身处地地站在领导的立场上为其考虑，如何才能在有限投入的情况下把希望达成的效果最大化。

例如月底冲业绩时，资源就是有限的，如何排兵布阵需要做策略上的选择。当领导问到你的策略时，你就可以向领导请示说目前草拟了四个方案。

方案一：通过加大投放力度来增加流量，不过前提是需要额外申请一笔投放预算。

方案二：通过精细化运作来提高转化率，但牵涉到更多人员加班。

方案三：包装一个更高客单价的产品上线，不过需要设计师的配合。

方案四：对老用户进行回访，并推荐最近新产品，以提升复购率，也需要把有限人员的时间、精力安排在老用户回访上。

目前，因资源有限，需领导拍板，从中挑选1~2个方案来执行。通过这种选择式提问，不仅能让领导看到你对完成共同目标的进取心，对项目的思考深度，领导还能从多个备选方案中择优选择，拥有作为领导的掌控感。

三个注意事项

选择式提问虽然好用，但也有三点需要特别注意：

第一，别企图用明显糟糕的选项来糊弄他人。职场上，没有一个人是好糊弄的，尤其当你面对的是自己的领导时。所以，在给出选择时，请务必对每个选项都深思熟虑。

第二，选项不宜过多。有心理学者做过实验，超市里同一类商品如果只放置了6种，顾客的购买意愿会很高；如果放置了24种品类时，原以为会出现的更高购买意愿却不见了，取而代之的是低购买意愿，其中的原因在于顾客在太多的选项中挑花了眼，不知道该如何做选择。

第三，一定要提前提问。由于选择式提问的本质是给人以掌控感，如果在当下要别人立刻做出选择则有胁迫的意味，会让选择者掌控感尽失。比如很多妈妈常犯的错误是立刻让孩子挑一门作业做，而有智慧的妈妈则会提前10分钟和孩子说："你10分钟后是打算先做英语还是先做数学？"

最后，我想说，当你能熟练掌握选择式提问后，你的人生必然也会有更多的选择。

启发式提问：有所收获的问答

提问不仅能挖掘信息，与他人达成共识，还能通过提问获得别人的尊敬和善意。试想，如果你在别人心目中的位置是比友善更高一个级别的尊敬，你对对方的影响力是否就会越来越大？你说出来的话是不是也会越来越有分量呢？

由于我身边的人都知道我是出版过几本书的作者，取得过一些微小的成就，会经常来向我请教问题，期望从我这里获得启发。比如曾有一个想要转行的同学来向我咨询，他说："我不喜欢自己目前的工作，想要转行，您能给我一些建议吗？"

对于这类困惑，如果有人试图直接给出建议，其实十分不负责任，因为他连该同学的基本情况都不了解，就试图把自己的主观认知直接硬塞给对方，这样做，就算给出的都是干货，也很难与该同学的实际情况有很大关联，除了让你自己刷一波存在感，不会让对方有真正的收获。一段时间后，要是别人根据你的建议总是拿不到结果，你在他人心目中的信任度和影响力自然也会随之下降。

因此，如果想要自己的建议能真正地帮到别人，获得信任感与影响力，我们可以采用启发式提问。

什么是启发式提问？它是一种使用固定的提问框架，帮助别人厘清尚未清晰的思路的方法。这些思路包括但不仅限于目标明确而路径不清晰的情况，短期目标清晰而长期目标迷茫的情况，以及有一个较大的目标，却不懂得如何把它拆解成小目标的情况。而下面要讲的固定提问框架就能破解这些迷局，让人厘清思路，使被提问者可以自己设法找到切实有效、能落地的解决方案。

启发式提问通常有三类框架，下面我们就一个个来做拆解。

框架一：GPS-A框架

G（Goal）目标：你想要前往哪里？

P（Path）路径：哪条路更可能通往你的目的地？

S（Scheme）方案：为了走上这条路，你可以设想出哪些可行的计划方案？

A（Action）行动：按计划方案执行。

该框架很适合上面提问的同学，因为GPS-A真的就像GPS（导航卫星）一样，可以帮助你从只有目标，进化到路径、方案和行动。

比如，我就会根据GPS-A框架，向该同学提问："你想要转行到什么行业呢？"（G目标）

他说自己平时喜欢看短视频，看是否能转行到短视频平台公司去工作。

我追问："如果你明天向这些企业投递简历，他们会邀请你去面试吗？如果面试，你有多大的把握会被录取呢？"（P路径）

他觉得被邀请面试的概率不大，而且就算前往面试了，面试通过率也不高。

我继续问："那怎样才能增加这两者的概率呢？"

他回答"做一些播放量、点赞量高的短视频可能概率会更高。"

我说："对，那你计划怎样去生产这些播放量、点赞量高的短视频呢？"（S方案）

他回答："可能先去研究一下那些高点赞的短视频，然后再看看线上有些什么相关的课程吧。"（A行动）

到这里为止，这位同学已经通过回答框架中的问题，找到了可能通往目标的一条清晰路径，同时还在路径上找到了策略和行动方案，接下来就看他是否能付诸行动去践行，然后根据行动的反馈不断思维迭代，最后把这些行动变成结果了。

GPS-A的提问框架之所以有效，是因为很多人的思考都是点状的，而点状的思考会让人仅仅只是盯着结果，却没有向上按图索骥，去寻找到底如何才能导向该结果的产生。正所谓"菩萨畏因，凡夫畏果"，我们只有启发别人在"因"上做功课，才能让他人真正地去求到想要的"结果"。这是一项开启他人系统性思考的工程，也是我们在后续"思考维度的修炼"章节要详细讨论的内容。

框架二：SIGN模型框架

第二种情况是短期目标清晰，但长期目标迷茫的情况。一些人对短期目标很清晰，但当他达成这些短期目标后反而更困惑了，因为他们的这些短期目标很可能都是源于被加之于身的父辈认知，或者受到社会思潮裹挟，所以当他们获得了诸如考证、入职高薪职位、获得经理岗位等短期目标后，却因再也没人指点，又重新陷入了迷茫。

曾经也有一些这样的人来向我请教，每当此时，我就会搬出SIGN模型框架来启发他们，SIGN模型分别对应着S、I、G、N四个字母。

第一个字母S（Success），Success是指成事。

你做什么事情会比身边人更容易拿到结果。一个互联网企业培训经理就陷入了类似的迷茫，于是，我给了她20分钟没人打扰的时间，让她思考一下，自己之前做过的哪些事情是比别人更容易拿到结果的？她整理后发现，自己擅长的事情并不少，比如读书、讲课、心理分析、旅行、美食、养宠物、写作、声音美化，这些她都很擅长。但正所谓"多则惑，少则得"，那么多选项，互联网公司的节奏本来就很快，时间和精力有限的情况下，怎么可能顾得过来呢？

于是第二个字母I（Instinct）就要上阵了。Instinct是指本能。这件事情是你睡醒之后，一睁开眼就迫不及待地想去做的事情。于是我继续提问："上面这些事情里，最能让你一醒来就想要去做的事情是哪些？"她想了想，痛苦地开始做减法，然后删除了旅行、养宠物、声音美化这三个选项。

接着是第三个字母G（Growth），Growth是指成长。

于是我继续问："做什么事情，特别能进入心流，也就是感觉自己特别专注，好像时间一晃而过？"她安静地回忆了一番：每次讲课时都会感到自己光彩照人，能获得不错的效果；她周末会去一个心理学工作坊做志愿者，周末的志愿者工作让她感觉时间飞逝；另外读书和写作也能让她感觉很享受。

最后一个字母是N（Needs），Needs是指需求。

我接着提问:"现在你要做最后的减法,你做哪件事情时,就算没有报酬,也能带来很大的成就感?"这是一个极为煎熬的过程,但也是最能让人看清楚自己内心的过程。最后,她留下了心理分析和讲课。

虽然之前隐隐约约就感觉到会是这个方向,但这位培训经理仍旧很感激我,通过SIGN模型,她终于笃定了自己未来想要发展的方向。半年后,她收到某外资企业的邀请,以个人讲师的名义做了一场有关"OH卡心理学"的收费培训项目。

框架三:OKR模型

OKR模型中,O是Objectives,即目标;KR是Key Results,即关键结果。OKR被广泛地运用在企业管理中,其实,OKR对于个人来说同样是一种很好的目标拆解工具。

所以,如果你能通过提问的方式,帮助别人使用OKR模型,履行从"目标O"到"关键结果KR"的拆解,那么你也能快速地给被提问者以启发,帮助对方将目标落地。

比如曾经有一位下属来请教我,如何在业余时间考上在职研究生?这显然是她当年的一个"O"——目标。于是我问:"你有调研过那些已经考上在职研究生的同事,他们是怎么做的吗?"几天后,她找到我,说自己调研过了,这些人中的80%都会在考前参加一个付费的考研辅导班。

所以,第一个"KR"就出现了:报名参加一个考研辅导班。

我继续提问:"你有向这些报名考研辅导班的人请教过,在他们班上,哪些同学有更高的概率考上吗?"她回答不出来,之后又去调研了一番。然后几天后告诉我,这些人中90%的情况下都会尽可能出勤,而且考研辅导班会有4次模拟考,他们大多是模拟考前20%的佼佼者。

第二个"KR"出现了:保证自己在辅导班中90%的出勤率,并设法在模拟考中进入前20%。

回答完这个问题,她有点得意,没想到我继续问了第三个问题:"那这些模拟考进入前20%的同学,他们平时要怎么做,才能让自己成为模拟考靠前的佼佼者呢?"她马上意识到自己考虑问题还是不太全面,于是又返回去调研了。第二天,她说自己这次调查彻底了,这些佼佼者几乎每天都会在历年真题和模拟题上投入1个小时。

原来仍旧是题海战术,不过好歹第三个"KR"出现了:每天至少在历年真题和模拟题上投入1小时。

所以你看,当你在设法帮助别人把一个大目标拆解成3~4个小的关键结果时,你就能在客观上倒逼他人去调研、思考和行动,并且最终可能找到可导向明确目标的关键行动。这样一来,由于你以启发式提问的方式,帮助他人实现了目标,你收获的就不仅是感激,还有将来延绵不绝的尊敬和善意。

Part 05 第五章

维度五：思考修炼

思考是我们在进行重要表达之前必备的前置条件，通过本章的学习，你不仅会习得一种"先求胜后求战"的思想，帮助你最大化沟通成功；还能学会如何解决冲突和一眼看透本质的本领；最后再通过结构化的沟通复盘方法，不断精进自己在思考维度的能力。

先胜后战：重要沟通前的准备

你一定听过"知彼知己，百战不殆"这句话，但另外还有一句同样出自《孙子兵法》的金句："胜兵先胜而后求战，败兵先战而后求胜。"简单归纳起来就四个字——先胜后战。

所谓"先胜后战"，是指善战者会在一场战斗开始之前，先不断积聚胜率的势能，只有当胜率抵达我方满意的地步时才发起战事，一举拿下战果。在此过程中，"胜"与"战"是两个阶段，第一阶段是基础工作——求胜，可能会占据80%的时间；第二阶段才是"求战"，拿着基础工作的成果与之交锋，继而只用20%的精力就能拿到结果。

在旁人看来，你在"求战"部分的投入只有20%，看似举重若轻，但他们不知道你在"求胜"阶段的积淀，重如泰斗。

迁移到沟通场景，"先胜后战"的思考习惯同样是能帮助你达到沟通效果的窍门。那么，在这些重要的沟通前，你到底要做好哪些功课呢？主要分为五个步骤。

第一步：搜集信息

既然是一场重要沟通，在此之前花费再多的力气去做前置工作都不为过，其中搜集信息的步骤正是其中的关键。这些信息你可以从本书之前章节中介绍的方法去打听、观察和挖掘。比如下个月中旬你将面临一场晋升答辩，在这场重要沟通中，哪些领导是职级委员会的成员，谁可能是关键意见领袖，这几位关键意见领袖平时分管什么项目，分别是什么性格的人，都是你要尽可能去了解的内容，因为他们的兴趣点很可能完全不一样，但也不要眉毛胡子一把抓，而是以当时最有话语权者的认同为目标。

比如，在这场晋升答辩中有两位副总裁、三位总监，所以很显然，两位副总裁必定是关键意见领袖，其中一位副总裁是老虎型人格女性，另一位则是孔雀型人格男性，所以到时候孔雀型男性或许话语会较多，但是很显然，最有话语权的大概是这位老虎型总裁。她的履历如果能在百度上查到是最好不过的，不过就算查不到，也要设法了解其成长经历，尽可能多地去熟识她的话语体系，因为对方很可能会在答辩现场问出一些与其认知相关的话题，如果届时你连题目都听不懂，场面将一度陷入尴尬。

其实不仅在晋升答辩场景，哪怕你和任何一位重要人物在做沟通前，去了解一下对方的背景和知识结构，都有利于你们在后面的沟通中得以更顺畅地进行。

第二步：分析本质

这个世界上至少有80%的人都不会去分析本质，因为他们习惯用归纳法这种对大脑耗能更少的方法来应对生活中重复出现的挑战。这在绝大多数情况下是够用的，因为一日三餐、日常通勤，这些大量重复性活动的确只需要使用归纳法就够了。

但针对重要沟通则完全不行，因为重要沟通是人生旅程中的低频事件，比如大多数人在一生中的晋升答辩场景不会超过10次，所以这些场景中的沟通光靠我们自身经验总结必然是不够的，我们还需要去借鉴他人大量的经验，从这些经验甚至教训中去找到线索，分析本质。

不同于归纳法，分析本质是一种演绎法手段，需要我们通过问大量的"为什么"，从根本上找到一件事情的原点。我们还是以晋升答辩场景为例，为什么很多公司要用答辩这种方式来考查预备晋升的员工呢？能问出这个直面本质问题的人通常都会去网上借鉴参考一下别人的答案，比如可以看到大量的分析表明，晋升答辩的目的就是为了让上级领导考察你的价值观是否合格，你的个人能力是否符合下个阶段的能力模型，你的专业或职场软技能能否胜任上升一个级别的要求？

所以，当你以该视角出发，你就不会像80%的人一样，去设法罗列自己过往的成绩，因为你已经明白晋升答辩的本质是一道证明题，不是证明你以前做"士兵"时过往的执行成绩有多出色，而是向上级领导，尤其是向那位有关键话语权的意见领袖证明，你是否已经符合了成为"将军"的标准，你是否值得让其欣赏肯定，继而把为数不多的晋升名额留给你。

同样的道理，任何一场重要沟通都要通过多问为什么来深究其本质，比如对方为什么要和你们公司合作，而不是找其他的竞品，因为商务合作的本质是优势互补，且中短期内可以落地，竞品公司虽然也有类似优势，但短期内根本无法落地，而你们是为数不多的选择；又如相亲的本质是双方的资源（颜值、年龄、资产、潜力……）是否对等，并且可以交换，等等。只有通过演绎法，梳理清楚某场重要沟通的本质，你才能为下一步的"准备方案"做好准备。

第三步：准备方案

方案是行动的计划。凡事预则立，不预则废。准备方案是你把大脑中想要达到结果的路径一步步地变成行动计划的过程。

继续以晋升答辩为例，得到公司CEO脱不花在其著作《沟通的方法》中的一个准备方案就非常接地气，是解这道证明题的极佳范式。她把晋升答辩视为"请战"，并把具体的"请战方案"拆解成"肯定前任留下的战场，阐述自己的独特打法和自己的充分准备"三个部分。因为"肯定前任"是一种团队合作的体现，有利于团结身边力量的同时，还不会让前任以前的努力成为一张白纸；"自己的独特打法"则是一种面对挑战和卡点的独特思考，向上级领导证明自己在思考力和创造力上符合晋升后的能力模型；"充分准备"则是进一步阐述"独特打法"并非飘在空中的畅想，而是具备充分可落地的实操性，从而让领导们增添一份"把机会留给你"的笃定和信心。

事实上，很多高效的降维沟通者都有一种在脑海里预演重要沟通场景的习惯，他们会闭上眼睛想象自己已经位于这场重要沟通的现场，或者邀请他人给自己做模拟演练，根据对方的背景情况，提前准备好沟通过程中对方可能会提出的问题，然后把这些预想问题通过充分的思考来准备好妥当的答案。届时，只要根据自己的准备进行回答，即可取得良好的沟通效果。

第四步：准备文稿

当某次沟通的重要程度非常高的时候，你还可以设法拟逐字稿，因为落笔写下来是一种倒逼思考的有效方式。很多时候，当你以为自己想清楚时，你未必能真正地表达清楚，就算有PPT、大纲或思维导图也未必能让对方真正理解你想要表达的含义。

而写逐字稿则是一种看似愚笨实则智慧的做法，撰写逐字稿的原理来自著名的费曼学习法，该方法能有效地避免我们的大脑使用复杂词汇或行话来掩盖自己并没想明白的内容。这里的主要原因在于，当你在糊弄自己时，你不知道自己都不清楚，而只有把要表达的内容落笔写下来，才能可视化地发现原来在表达过程中还有诸多不完善的地方。

而且，写逐字稿还能在一场正式的重要沟通前帮助你打磨话术，一份精心打磨的逐字稿就相当于一份演出脚本。试想，你有脚本而对方没有脚本，对方的反应都在你的脚本分支中被你充分地考虑到并且已经预备好与之对应的反馈话术。当你做足了这些准备后，你便可以获得良好的沟通效果，胜率也将达到最大化。我自己就是撰写逐字稿的极大受益者，比如这本书就可以视为我与你正在沟通的逐字稿。事实上，在我的建议下，已经有多人养成了在重要沟通前撰写逐字稿的习惯，当他们把晋升成功、演讲获得赞誉、谈判拿下订单的喜讯分享给我时，我能充分体验到他们这种"先胜后战"的发自内心的喜悦感。

第五步：平常心

最后，我也想再提醒一下，就像我们前面讲的，准备工作只能增大你拿到结果的概率，并非可以确保成事。正所谓"三分天注定，七分靠打拼"，任何一场重要沟通你都要预备好失败方案。比如晋升答辩万一失败了，你要如何调整心态，怎么做才能尽快争取下一次答辩的机会；订单没有拿下，要如何扩大自己的销售漏斗。我们并不期待每一次击球都是全垒打，毕竟，我们要秉持一颗平常心来对待每一次重要沟通，做到"对过程苛刻，对结果释怀"。

解决冲突：有效沟通的关键

你喜欢回避冲突，还是喜欢直面冲突？一般在面对日常生活或者工作中的冲突时，人们往往有四种典型反应。

典型反应一：回避。比如不敢和领导报告坏消息，或者客户难缠就不愿意和他正面对话。

典型反应二：迁就。领导强势一些就夹着尾巴做人，自己就算有观点也不敢表达。

典型反应三：怒怼。得理不饶人，偏好"拼命三郎（娘）"一样的沟通风格。

典型反应四：妥协。每当沟通陷入胶着状态时，总是想着彼此各让一步，采取中庸的方案。

事实上，以上面对冲突的反应都仅仅"盯着"表面上的冲突，是无效沟通的典型。真正的有效沟通是通过思考，分析清楚双方的差异，厘清表面背后的利益，找到关键人和共同目标，与对方实现协同，继而抛弃"我的方案"或"你的方案"，而是找到"我们的方案"。

具体要怎么做呢？需要着眼于以下三个关键。

第一个关键：厘清利益链条

曾有一位公司培训部的同事来向我诉苦，说部门领导职场PUA（即上级对下级进行精神控制）她。该领导总是不满意她写的群发文案，让她一遍遍地改，改了十几稿的时候，她发现自己已经"彻底不会写文案"了，焦虑之下，跑来问我怎么办？我问了几个问题，发现原来其中有个规律，即每次要发到公司大群的文案都需要反复打磨，而每次只是小范围群发的文案则没那么严格，这其中的原因显而易见。

在公司大群发文，代表的是整个培训部，而且大群里还有人事部副总裁、公司创始人，如果措辞稍有不当，影响的是整个培训部门的口碑；若因文案内容存在歧义，引发不良影响，培训部负责人也会被上级领导问责，受到牵连。所以这位同事的领导担心利益受损，自然十分谨慎。而在一些培训项目群里发公告文案，不仅影响范围小，公司管理层也不在其中，因此审核自然也不会过于严格。

厘清了其中的利益关系，我给了同事两个建议。

第一，让领导每次审核文案前先告知该文案的使用场景。

第二，针对公司大群要发的文案，务必请同事先做好把关，之后再提交给领导，从而提高审核通过的概率。

如此一来，"你的利益"，即工作量会减轻，也不用再遭受过多的来自领导的情绪暴击时刻；"领导的利益"，即他负担的风险也能降低。

所以，要想做到降维沟通，在直面沟通中的冲突场景时，只有分辨清楚你的利益和对方的利益，你才能真正地以"利益"为原点，构建起同时符合"双方利益"的方案，也只有在双方利益都能被保证的前提下，这种冲突才能被尽可能妥善地解决。

除了厘清"利益关系"可以避免陷入冲突，构建利益机制也是一种避免冲突、帮助他人解决冲突，继而在客观上满足自身利益的有效方法。

比如你负责的项目需要其他部门同事的协助，但同事时间、精力有限，由于协助你，他自己的工作进程也极可能被耽搁了，怎么办？要解决这个冲突，就可以通过构建利益机制的方法来解决。

首先，你要去了解对方的KPI（关键绩效指标）是什么？假设是商品交易总额收入项的考核，那么你能否把同事部门的产品销售也纳入你的方案当中呢？这样当该项目成功落地后，也可以帮助这位同事完成他负责的产品的销售。如此一来，当彼此的利益关系被理顺与捆绑后，对方的工作就不再只是协助工作，而是与自己的销售额息息相关，时间、精力不足的冲突就被化解于无形了。

第二个关键：找到"关键人"

你遇到过这种情况吗？你想与一位同事协调资源，但对方就是不配合你，你也想设法构建利益机制，设计双方共同受益的方案。可偏偏对方"油盐不进"，你甚至都问不出对方的KPI是什么，怎么办？

这个时候，就要从具体的"事"中跳出来，去审视一下自己是否找到了正确的"关键人"？因为对方可能只是由于立场或其他不便明说的原因，无法点破这件事情的决策权不在自己手上，而是另有其人。尤其在钉钉或微信这种会留下文字记录的地方，更不适合与自己不熟悉的同事讨论自己不愿意多说的话题。

此时，最好的办法是找机会与对方当面私下交流。如果要协调的资源十分关键，你可以带上咖啡或奶茶形成互惠效应，即通过对别人的好来触发对方心理上想要回报你的心理机制。只要你给对方的这件东西不会违反公司规定，还是有很多人都喜欢这样的"软通货"，别人也会由于"拿人手短"而感到不好意思，在保证他自身安全的前提下，告诉你一些"小秘密"。

通过这些"面对面效应"、互惠小技巧，你就能设法找到正确的"关键人"，然后再设法以"关键人"的利益诉求为起点，思考到底要怎么做才能让对方与你合作。

那如果这位对接人并非不愿意帮你，而是他也不清楚应该由谁来负责，怎么办？此时，你可以先整理一下思路，随后先与自己的领导知会一声，再从组织架构里找到该部门的负责人并直接联系他。

在这里，有三个重点是你必须注意的。

第一，克服向上司寻求帮助的恐惧。上司的信息面和人脉在大多数情况下都比你更广阔，所以向上司请求帮助并不丢脸。更何况你只是想让上司指明方向，应该找哪位关键决策人而已，具体的执行还是由你自己去做。

第二，如果上司也搞不清楚具体的方向，怎么办？没有关系，由于你已经知会过他，因此将来如果对方的部门负责人询问起来，你的领导也能将情况如实地回应。

第三，同样的，克服恐惧，与对方负责人对接后，对方很可能马上就能帮你找到谁才是那个你遍寻已久的正确的"关键人"。而且，由于是对方领导安排的任务，相关对接人也会有更强的动力与你进行接下来的协作。

正所谓："'关键人'不对，努力白费。"通过以上方法找到正确的"关键人"，你的努力才能落到实处。

第三个关键：聚焦共同目标

在瑞士阿尔卑斯山上曾发生过一件事。当时，有一支匈牙利小分队的中尉派出一支侦察部队深入冰天雪地的荒野做侦察演习，但出发两天后依旧不见该侦察部队回程的踪迹。

正当中尉担心队友罹难之际，他们回来了。但此行的确不算一帆风顺，因为当时他们在山里迷路了，折腾了很久都没能找到回来的路，几乎所有人都陷入了绝望。不过，他们很快发现一位队员的口袋里装了一张地图，于是所有人都冷静了下来。他们在寒风中有序地搭好帐篷，熬过了暴风雪天气，并在地图中找到了自己的位置，顺着标出的方向回到来时的路上。而当中尉接过该地图仔细端详时，却发现这张帮助队员脱离绝境的地图并非阿尔卑斯山地图，而是比利牛斯山地图。

这个案例的意义在于指出一个反直觉的真相：在渺小的人类与整个大自然发生冲突时，即使人们已经陷入绝境，但只要人与人能设法聚焦在共同的目标上，并且为了实现该目标不断地去行动，就算拿着错误的地图，都有可能通过行动，走出一条脱困之路。

在现实生活中，聚焦共同目标后，为了提高达成目标的概率，还需要借助两个思考工具。

第一个工具是头脑风暴。它可以激发团队创造力，找到更多解决方案。

针对共同目标在与团队寻找解决方案时，需要每个人都在该场域中发表自己的见解。不过需要特别注意的是，在搜集创意的过程中，禁止任何人对提出创意的人发表诸如"方案不切实际""理想很丰满，现实很骨感"等负面评论，以免禁锢他人的思维。要知道，很多能实现共同目标的好创意最初都看似简单、愚蠢。因为好创意是打磨出来的。

第二个工具叫"六顶思考帽"。它是一个专门用来打磨创意的工具。

在使用该工具的过程中，所有人都需要一起：

戴上白帽子，表示同步信息；

戴上黄帽子，从正面归纳方案中有价值的部分；

戴上黑帽子，找出方案里存在问题的部分；

戴上红帽子，从感受、直觉上发表自己对方案的看法；

戴上绿帽子，进一步完善方案；

戴上蓝帽子，对方案的规划和推进做整体布局。

最终，让团队从资源与现实的冲突中找到更完善的方案，真正解决冲突。关于"六顶思考帽"具体的使用方法，我们将在后续章节中详细拆解。

模型思维：看透本质

电影《教父》里有这样一句话："花半秒钟就看透事物本质的人，和花半辈子都看不清事物本质的人，注定是截然不同的命运。"在沟通场景中，想要真正地获得降维沟通，你也需要拥有迅速地看透事物本质的能力。

说起来容易，做起来难吗？如果你具有模型思维，能利用合理的模型来分析眼前的事实和挑战，你也将具备一眼看透本质的能力。本节，我将给你介绍3种在日常工作和生活场景中被高频使用的模型，让你也能利用模型来进行思考，洞察事物，看透本质。

第一个模型："五个为什么"

20世纪40年代，美国华盛顿杰弗逊纪念堂的墙体每年都会出现许多裂痕，为此，政府花了大量资金维修。为了弄清楚原因，美国政府请来专家做深度分析。起初，问题被聚焦在清洗墙体的一种强力清洁剂上,故而解决方案为:减少清洗次数或换一种对墙体更柔和的清洁剂。不过,随着对问题更深入地分析,专家开始启用"五个为什么"模型:

第一个"为什么":为什么要使用强力清洁剂高频清洁墙体?因为墙壁几乎每天都会有大量鸟粪。

第二个"为什么":为什么每天都会有如此多鸟粪?因为鸟粪来自附近筑巢的燕子。

第三个"为什么":为什么那么多燕子偏偏爱在这里筑巢?因为蜘蛛是燕子们喜爱的食物。

第四个"为什么":为什么有那么多蜘蛛出现在这里?因为纪念堂四周有蜘蛛爱吃的飞虫。

第五个"为什么":为什么有那么多飞虫出现在这里?因为纪念堂窗户很大,日照充足,滋生飞虫。

因此,问题的根本在于日照充足,所以解决方案应该是购买并安装一些巨大的窗帘布,就能解决这一逻辑链上的一系列连锁问题。窗帘布顶多几百美元,而长年累月的清洁费却可能高达几百万美元。可见,谁能通过"五个为什么"模型洞察本质,找到解决方案,谁就有万倍的价值。

"五个为什么"并不一定非要问到五个,有时候三个或四个"为什么"就能找到根本原因。然而,"五个为什么"模型看起来似乎简单，但在真实的使用场景中也并不容易。你需要特别注意以下三点。

第一，和善而自然。比如在和同事开会时，想要用"五个为什么"来找到问题的根本原因，于是就开始连环追问，不断地问"为什么"。此时，同事一定会觉得你在拷问他，脾气好一点的可能会沉默不语，脾气差一些的甚至会陷入坏情绪，安全的沟通氛围被打破，最终不欢而散。

第二，方向要问对。比如当问到"为什么有那么多蜘蛛出现在这里"时，你追问"我们为什么不用杀虫剂去杀掉这些蜘蛛"时，方向就跑偏了，因为就算杀掉了蜘蛛，新的蜘蛛还是会被滋生的飞虫引过来，如此一来无非是把清洁墙壁的工作替换成了喷洒杀虫剂，纪念堂说不定还会因为喷洒了过多杀虫剂被弄得空气污染。遇到这种情况要怎么办呢？答案是，给每个"为什么"安排三个追问的方向，一旦发现有从逻辑上推演不下去的情况，就返回来重新推演，这样有更大可能找对方向。

第三，根本原因也需要解决方案。有时在使用"五个为什么"模型时，你会发现根本原因的确找到了，但要解决根本原因也不简单。比如你和孩子分析考试成绩差的原因：

为什么考得差？因为简答题有陷阱，做错了。

为什么会掉入陷阱？因为没见过这种题目，大意了。

为什么没见过这种题目？因为该类练习做得不够多。

为什么该类练习做得不够多？因为练习如果做得多，娱乐时间就少了。

所以要解决根本原因需要解决孩子练习与娱乐之间的平衡，但具体要如何制订出双方都满意的解决方案，则又是另一个问题了。

第二个模型：5W1H

你可能听过这个关于超市员工采购土豆的故事。超市员工小A对薪资不满，想和老板提加薪。老板听完该员工的诉求后，对他说："来来来，小A，去超市门口看看，那儿有没有一个老农民在卖土豆。"小A前往门口一看，果然有，便兴冲冲地回来报告。老板问："那土豆多少钱一斤呢？"小A心里想：哎呀，你刚才没交代呀，但只能再去询问。老板听完报价后，又问"有没有番茄？多少钱一斤？"小A头上冷汗直冒，只得再次折返。

这时，老板叫来小B，对小B说："来，小B，去超市门口看看，那儿有没有一个老农民卖土豆。"小B去了十多分钟，回来时还带着一张半面写满字的A4纸，报告说："领导，土豆4元一斤，采购100斤以上可以谈到3.5元/斤。另外，他的番茄、莴笋和芋艿品质也都很不错，这是普通批发价和100斤以上的询价，请您过目。"

看到这里，如果你是小A，你还会有向领导继续提加薪的心思吗？是不是恨不得赶紧离开现场？另一方面，年纪和小A差不多的小B，心思为什么能如此缜密，就仿佛是领导肚子里的蛔虫一样？为何他能在和老板再次沟通之前，就把领导想要了解的信息搜集得那么全呢？答案是：小B使用了"5W1H"的思维工具。

"5W1H"是一个能帮助你迅速地厘清一件事情全貌的思考模型，它们分别是：Why（为什么），What（是什么），Where（在哪儿），When（什么时候），Who（相关人），How（怎么做）。每当我们做一件事情前，先根据5W1H模型框架把所有的信息罗列一遍，有助于弥补我们常规思考时可能产生的漏洞。

比如在以上案例中，领导交代了下面四个信息：

Where：超市门口。

When：现在。

Who：老农民。

What：是否有土豆。

通过比对5W1H模型框架，发现还少了两个信息：

Why：为什么要去了解老农民是否有土豆呢？

可能是为了超市进货。既然是为了进货,那是否还应该了解一下老农民其他蔬菜的品质和价格呢?

How:询问各类蔬菜价格;并找一份纸笔,把相关信息询问后写下来,以防忘记。

很显然,通过以上清单式的罗列,我们基本上就能大致把握一件事情的整体脉络,这样做不仅能显著提升我们的思考缜密水平,还能体现专业性,增加我们与他人之间的信任感。根据5W1H框架缜密思考后输出的行动报告,当然会比仅仅"拨一拨,动一动"的应激式执行要强太多。

第三个模型:人类动机模型

如果你有一个孩子,你希望让他养成早起的习惯,那么要怎样和他沟通才能达到效果呢?这并不是一件容易的事,但如果你理解人类动机模型,可能就会有方法。

人类动机模型由四个字母组成:B=MAT。

B(Behavior):指行为,是受思想支配而表现出来的外表活动。比如起床,就是一项行为,但行为只是一个结果,它是你在实施降维沟通后希望在孩子身上看到的改变。

M(Motivation):指动机,是激发与维持有机体行动,并且将行动导向某个具体目标的心理倾向，是一个人之所以要去做某件事情的理由。比如一个平时很难早起的人，为了赶上早上7点的飞机，不想因为迟到浪费金钱，就是他的动机。

A（Ability）：指能力，是完成一项任务或目标的综合素质。如果某人前一天晚上喝酒宿醉，或者吃了安眠药，这些客观事实导致他无法起床，这就是失去了能力。

T（Trigger）：指触发，是指因触动而激发起的某种反应。通常人们为了早起都会设置一个闹钟，当设定时间到达，闹钟唤醒睡眠中的人，这就是触发。

所以，任何一项行为，都是动机、能力、触发三个因子相乘的结果，三个因子当中有任何一个因子为零，那么整个等式左边的行为也不会发生，即为零。

理解了人类的动机模型，你要怎样让孩子养成早起的习惯呢？

首先，是构建动机。比如你可以和他约定，每天晚上的时间主要用来做练习题，但每天早上如果能6点起床，那么出发去学校前的时间可以供他自由支配，既然晚上的时间只能用来做练习题，那么一段时间后，孩子自然会发现早睡更加划算。

其次，是保证能力。早起的前提是早睡，由于早睡更划算，因此孩子通过早睡就能实现目标，在次日早晨6点起床前拥有充足的睡眠。

最后，是设置触发。除了安排早上6点的闹钟，晚上9点也同步设置一个闹钟，用来提醒孩子做练习题的时间告一段落，可以早点睡觉，这样明天早上起来又能自由支配时间了。

通过理解和实践人类动机模型，你可以在其他事情上通过降维沟通影响其他人。

沟通复盘：四个步骤

你见过那些原本沟通基础薄弱，但进步起来特别快的人吗？他们是有高人指点吗？少部分人可能有，但更大的可能是由于他们学会了怎么去做沟通复盘。

什么是沟通复盘？复盘是一个围棋术语，它是指在一盘棋局结束之后，把整盘棋在棋盘上重新摆盘演练一遍，重新审视在对弈过程中招法的优劣。同样的，在沟通中，一次有效的沟通复盘能帮助你总结成功沟通的经验，吸取失败沟通的教训，从而在一次次沟通复盘的思考中提升降维沟通的能力。

通常一场重要沟通复盘的过程会有四个步骤，通过践行这四个步骤，最终可以帮你厘清三件关键的事情。

沟通复盘四步法

步骤一：回顾目标。

国内知名商业顾问刘润老师曾经举过一个例子：三只猎狗追

击一只土拨鼠,追到一棵大树旁,突然窜出来一只迅急如电的灰色野兔,这只野兔看到三只猎狗后立刻警觉地爬上了树,但由于爬得过快,一个没抓稳从树上跌落了下来,正好落到三只猎狗的头上,把它们都砸晕后便逃跑了。

听完这个故事后,很多人都会问:"野兔不会爬树吧?","或者一只野兔怎么可能同时砸晕三只猎狗呢?"但很少有人会去关心最初猎狗们追逐的那只土拨鼠去哪里了?

"这只土拨鼠"就是我们每次沟通前的目标。很多人在沟通的过程中总是忘记自己一开始为什么要去进行这场沟通。就像我们在前面的章节中讲过的那样,任何一次沟通都应该"目标至上",这和我们"先胜后战"的思想一脉相承。因此,当你发现自己在上一场重要沟通中的目标不明确时,这是一件非常需要警觉的事情。

所以,回顾目标的意义就在于,有意识地在一次已经完成的重要沟通后回顾审视自己在沟通前到底有没有将"本次沟通的目标"清晰化。比如面试场景中最重要的目标不是全方位地展示自己有多厉害,而是通过显示自己与岗位的匹配程度来获得面试官的认可,从而进入下一轮面试;又如晋升述职的目标并非展示自己过去的业绩和功劳,而是向有话语权的关键意见领袖传达并证明自己符合上一职级的能力模型。

步骤二：评估结果。

确认沟通效果虽然并不复杂，却是十分重要的关键步骤。通过本次沟通，相对于你预期中的目标，有没有出现某些差异？其中好的差异是哪些，坏的差异又是哪些？

比如，首次面试的自我感觉并不算很好，你本来觉得通过此次面试的概率并不大，但HR却致电邀约你，告知你已经成功进入了下一轮面试，这是关于面试结果的"好的差异"；又如在晋升述职场景中，当某位评委问了一个事先你并没有准备到的话题时，由于不知道该怎么回答你答非所问，以致总共只有10分钟的答辩，竟然有三分之一以上的时间花在了该问题上，很显然，这是述职过程中显现的"坏的差异"。

无论对直接结果还是过程进行评估，需要着重把"好的差异"与"坏的差异"都一一罗列出来，这是一种基于"金字塔原理"中先MECE（Mutually Exclusive Collectively Exhaustive），即"相互独立，完全穷尽"，再进一步分析思考的方法。千万不要着急沉浸到细节中去分析问题或提出解决方案，因为只有把好坏差异都找清楚了，我们才可能真正地为下一次的重要沟通做充足的准备。

步骤三：分析原因。

完成了评估结果，接下来就要详细地分析其中的根本原因了。到底是什么导致了"好的差异"以及"坏的差异"的发生？

比如自我感觉不好，却又通过了初次面试，这里就有多种可能：

第一，自己回答问题时，某些关键问题的回答符合了面试官的期待。

第二，今天面试官的人物性格与自己特别匹配。

第三，自己过往的经历中有十分契合该岗位的需求。

……

把可能导致"好的差异"的关键变量都思考一遍，找到导致"好的差异"发生的原因，你就有可能实现"帽子戏法"，即找到并且着重在关键变量上发力，让第二面和第三面不再依靠运气，而是靠实力被录用。

又如述职过程中显现出来的"坏的差异"，我们也应思考，但不是去琢磨"为什么会出现没有准备好题目这种情况"，因为你不可能准备所有的可能问题；而是去思考"面对没有准备的问题时，我的最佳应对措施到底是什么"。

与此同时，在分析原因阶段还值得注意的是，针对"好的差异"，请着重分析客观原因；针对"坏的差异"则需着重分析主观原因。只有这样，我们才能更好地分析出可以在下一次行动中迭代升级的行动方案。

步骤四：总结规律。

这是沟通复盘的最后一步，也是最为重要的一步，只有做到这一步，你才能真正地实现"把隐性的智慧显性化"。

比如经过分析，你得出在本次面试中，有三个因素起到重要作用：

第一，自己在面试时表现出的"创业心态"，让面试官十分欣赏；

第二，高度外向的性格，符合与许多其他部门紧密协作的工作要求；

第三，自己曾经的项目策划经历，与新岗位快速上新产品的要求高度匹配。

又如在晋升述职的场景中，面对自己从没准备过的问题时，可以先设法与评委进行确认，比如："您之所以提出这个问题，背后一定有原因，我很想知道具体的原因，不知道能否请您详细地分享一下？"通过该话术，就能把球扔回评委手上，而当评委详细阐述原因时，也能给你留下充足的时间来做判断：这个问题重要不重要，是否是必答题；如果是必答题，我该如何作答。

接着你就可以开始列沟通复盘后的待办清单了。

什么应该继续做？

面试场景：凸显自己的创业心态、外向性格、项目策划经历。

述职场景：把"述职就是获得有话语权领导的认可"作为目标。

什么应该停止做？

面试场景：做好充足准备，避免靠运气获胜。

述职场景：停止答非所问，没有针对评委的话题进行解答。

什么应该开始做？

面试场景：针对用人岗位需求做分析，找到自己与岗位匹配的更多特质。

述职场景：使用"询问评委问题的出发点"的方法，为自己争取更多时间。

你还需要知道的四个技巧

第一个技巧：录音。在获得别人同意的情况下，建议你拿出手机对某场重要沟通进行录音，这样做的好处是可以客观地记录本次沟通中自己是否始终目标至上，同时还能帮助我们找到快速沟通对话中没有被注意到的关键细节，从而有利于我们从沟通结果中分析出更符合事实的原因，继而做出可靠的规律总结。

第二个技巧：勤做笔记。在一些不方便录音的时候，做笔记也是一种非常有效的手段。比如面试场景中，显然就不适合录音，但你可以把面试官的问题记录在随身携带的本子上。这么做不仅能让面试官觉得你很重视他问的问题，还有利于在面试中反复围绕对方提出的问题进行谈话，也便于你在面试后根据之前的笔记来进行复盘。

第三个技巧：倾听心态。除了使用录音、做笔记的方法进行客观事实的记录外，我们也要去倾听自己在重要沟通过程中的心态。比如在晋升的述职场景中，由于台下的评委往往是领导，所以我们会不由自主地想要更多展现功劳、苦劳，或表现自己的优势，而忘记了要着重证明自身特质或自己能力层面中与更高职级的适配性。通过倾听心态的方式，我们就能及时反省，从而在沟通过程中及时调整沟通内容。

第四个技巧：从他人的失败沟通中做复盘。普通人复盘自己失败的沟通，优秀的人复盘别人失败的沟通。我们不可能犯了所有的沟通错误，然后再去总结规律，但我们可以通过观察、反思别人在沟通中犯的错误，从中找到"什么应该继续做、什么应该停止做、什么应该开始做"这三件关键的事，从而成为一个站在巨人肩膀上的人。

最后，我想分享一句管理学大师彼得·圣吉曾经说过的话："人类只能通过'试错法'来实现学习进步，而复盘就是从曾经的（自己或他人）试错中去提升自己，把所有的经验和教训，都变成自己的能力。"希望你能通过思考，不断地把经验和教训，变成自己的沟通能力。

Part 第六章
06

维度六：表达修炼

经过了倾听、观察、感知、提问、思考五个维度的修炼后,我们终于来到了表达维度的修炼。在本章中,你会学习到如何向"人狠话不多"的人学习坚定表达;如何用结构化表达把事情说清楚;怎样通过掌握表达技巧在沟通中游刃有余;如何通过得体表达远离尴尬;以及用金句让你的表达更出彩。下面,就让我们一起精进打磨表达能力吧。

坚定表达：三种精练表达

一提到表达，很多人就认为优秀的表达者应该说起话来滔滔不绝、口若悬河、语速很快，嘴里都是专业词汇。但这样的表达者真的会被认为口才好，能切实解决问题吗？

事实上并非如此。俗话说："多挖几口井不如深挖一口井。"真正受人尊敬，获得他人信服的反而是那些话不多的坚定表达者。

如果你想学会这种受人尊敬的"坚定表达"，就需要从以下三种方式着手。

第一种方式：一针见血

什么是"一针见血"？它是指一个人说话直击要害。

有这样一个案例，在某个美食节目中，有人问"日本料理和法国大餐到底有什么区别时"，普通美食家可能只能进行大段枚举式的陈述，比如说，日本料理以新鲜的刺身食材为主，如三文鱼、北极虾、象鼻蚌等；以炸物如天妇罗、章鱼丸子和拉面如乌冬面等为辅。而法国大餐则更有仪式感，会有开胃酒、冷拼、热菜、主食、消化酒、甜点等。

但以上这些描述只是两种菜系的表象，说得再多也仅仅只能说明你可能吃过这两种不同的菜系，但仍旧无法回答两者到底有何本质上的不同？

真正的专家会如何回答这个问题呢？日本名厨山本征治的回答言简意赅："法国大餐的特点是做加法，会增加各种酱料酱汁；日本料理的特点则是做减法，尽可能呈现食材原来的味道。"短短两句话，就把两种菜系的区别给说清了，这就是真正的"一针见血"式表达。

"一针见血"的本领通常和一个人的见识、阅历、知识积累有关。不过除了这些相关要素，要想真正做到说话"一针见血"，还需要进行三项刻意练习：

第一，长话短说练习。很多在应试教育环境中成长起来的人都有一种学生思维，总觉得"在试卷上填满总比开天窗要好"，但在社会中，无论是国内还是国外，"言多必失"却是人们吃了很多亏后得出的结论。尤其在职场，在开会时、在领导面前，说得多必然导致表达中有更多的不周全、欠考虑。所以，在平时的表达中应尽可能地去练习长话短说的本领，不要急于表态，只说有把握的内容。

第二，分析问题练习。没有人天生就是专家，说话"一针见血""直指要害"的人也都是通过长期自我训练出来的。当我们首次接触某个问题的时候，一般做不到"一针见血"，但在这个移动互联网时代，我们天然就有信息优势，可以通过搜索引擎或问答网站来搜索答案。如果某个问题非常重要，我们甚至还能去一些平台找到该垂直领域的专家进行一对一咨询。这些我们自己搜索、咨询、思考、沉淀下来的答案会不断地内化成自己的学识，当下一次遇到类似问题时，那个能"一针见血"的人就可能是你。

第三，模型表达练习。模型是经过无数人抽象概括、被验证行之有效、能还原事物本来面目的一种工具。比如当有人问："怎样才能获得别人的信任？"你就可以把信任模型——"信任=（可信+可靠+亲近）/自我取向"言简意赅地呈现在别人眼前；又或者领导问如何才能提升销售额，你也能立刻在白板上写下销售模型——"销售额=流量×转化率×客单价"，然后逐一对等式右边的变量进行分解。通过模型不仅能帮助别人更快地找到问题，讨论出解决方案，还能被别人信任，成为人们心目中的"牛人"。

第二种方式：提出标准

我们在之前的章节中曾经介绍过，在NLP思维层次中，BVR层属于金字塔的上三层。其中的R是规则与标准。同样的，提出标准在坚定表达中是一种十分有分量的表达方法。当你能熟练地对某件事物提出标准时，你的坚定表达也能带给别人言简意赅的感觉，继而能快速地获得他人信服。

比如20人左右的部门要去进行一场团建，大家对活动内容各抒己见，有人提出吃一顿自助餐和唱KTV，有人提议去玩剧本杀，还有人建议去打真人CS……谁都说服不了谁。当有人问到平时话不多的许老师意见时，许老师不紧不慢地说："一次好的团建通常会符合三个标准。第一，所有人都能参与其中；第二，能帮助团队成员之间拉近距离；第三，多年后回忆起来还能记忆犹新。"

当听完许老师的发言后，所有人的思路一下子变得清晰了，最终大家一致认为"玩真人CS"完全符合以上三个标准，是本次团建的最佳选择，杂乱的声音突然变得统一了。

为什么"提出标准"能起到如此显著的效果呢？答案是：人类都是热爱秩序的动物，"三个标准"天然就能给人很强的秩序感，而且每个标准都是"团建成功"这个目标拆分而来的分解目标，这些分解目标又能被相关人员广为接受。所以，"提出标准"的方式让人们信服。

理解了"提出标准"有效之处，你又要如何把它内化成你的本领呢？

最好的办法依旧是大量的练习。比如你要把这本书推荐给你的好友，不是直接和对方说这本书有多好，而是先说，一本沟通类的好书通常要符合三个标准：

第一，它要有别于市面上大量仅仅"就沟通聊沟通"的单一维度的撰写，是另辟蹊径、有其独特性的。

第二，书的写作风格要结构化，而不是罗列大量案例故事，只是看上去有趣，却没有提供干货。

第三，干货不能仅限于常规理论，而要真正直达本质，并且结合实际的场景，让人能够运用自如。

你看，通过这三个标准的简要表达，别人就会很好奇到底什么样的书才能符合以上三个标准？此时，你再和对方推荐这本书，对方就会有很强的动机去了解和学习这本书，这在客观上让对方产生了信服力。

推荐书籍只是举个例子，你也可以举一反三，针对任何想让别人信服的事件，用这种"三个标准"的方式表达，提前在心里打好"腹稿"，再去表达，往往能取得不错的效果。

第三种方式：温柔坚定

第三种方式适合性格脾气和善的人，通过调整自己的表达方式，表达出"坚定而和善"的态度。我们都知道不能做"烂好人"，每个人的善良都要有点锋芒，但不少人反映，明明知道应该立场坚定地提出自己的诉求，但就是拉不下脸去强硬地要求别人，怎么办？

此时，就可以启用"温柔坚定"的方式，用柔和的声音说出"包着骨头"的简单话语，让别人自己去评估其中的利害关系，最后做出符合你期望的行动。

具体的话术可以分为三个部分：

第一部分，先表示理解。这部分主要是先让脾气和善者内心自洽。比如你点外卖时注明了需要发票，但店家忘记了，对方又不愿意再次请骑手送过来，但这会影响你的报销。此时，你可以先对对方表示理解说："每天那么多订单，偶尔忘记开发票也是正常的。"

第二部分，温柔地"威胁"。这是最关键的一步，用事实推演的方式击溃对方的心理防线，使之了解不按照你所期望的行动可能造成的后果。比如你可以这么说："您如果不送来发票，我这里由于无法报销蒙受损失，同时您这里也会接到一个投诉，这样双输的结果不是我们双方想看到的。"在这句话里,"某个不好的结果不是我们双方想看到的"正是温柔"威胁"的核心,让对方产生损失厌恶的心理。

第三部分,表示鼓励。打一巴掌后再给一颗甜枣,鼓励对方选择双赢而非双输。比如可以这样说:"相信您一定也不想让这种情况发生,感谢您会做出正确的选择。"

通过以上三部分的话术,我们不仅不用承担态度过于强硬的心理负担,同时也能柔和而坚定地向不合理之处传递出坚定的态度。如此表达,就能最大可能性地实现你期望的结果了。

结构表达：三个范式让你的表达清晰

你有没有这样的经历，你向别人说了一堆信息，一开始别人还能耐着性子继续往下听，但1分钟过去了，对方仍旧不知道你到底想表达什么。这时，别人忍不住打断你，说："你到底想要说什么？"此时，你会不会特别尴尬？

为什么会这样呢？我明明正在表达我想说的内容啊。事实上，对方听不懂你说的内容，并不是你的表达中没有信息量，而是你的表达不够结构化。什么是结构化表达？它是指你所说的内容有十分清晰的逻辑关系。

举个例子，比如要你用5秒钟时间记录并复述这组数字：2、4、8、1、6、3、2、6、4、1、2、8。是不是觉得很难？为什么？因为它们毫无规律可循。但如果我告诉你，这些数字的规律是拆分后的2、4、8、16、32、64、128，也就是2的n次方，这样记忆它们是不是瞬间就觉得很简单？

因为人脑在处理信息的时候，天然无法处理太过复杂、散乱的信息。因此，结构化就有利于我们的大脑在接收信息时发现规律，继而更容易地接收对方想要传递过来的内容。

而在日常的工作和生活中，我们大脑注意力已经被太多的信息输入，诸如开会、微信、电话、身边人说的话等，所以唯有结构化的信息才能让我们用有限的注意力聚焦在更简单、更方便的事情上，并且去接收和理解这些信息。

因此，作为一个想要进行降维沟通的表达者，我们需要把自己将要输出的内容进行结构化处理。这有利于我们自己想明白的同时，也把话说明白，让他人更轻松地记住并领会你想要表达的内容，从而有利于彼此更快速地解决问题。

想要进行有效的结构化表达，有三个经典范式值得学习，从而不在表达上吃亏。

范式一：逻辑严密的"论证类比"

"论、证、类、比"是四个字，分别代表：论，结论先行；证，以上统下；类，归类分组；比，逻辑递进。下面将一个个进行解析。

论，结论先行。这意味着要用一句十分简短的话来概括接下来要表达的整体思想，快速有效地输出结论。比如，你可以对项目组的成员说："我认为盲盒类产品是我们接下来重点发展的目标,原因主要有三个。"此时,对方的注意力就很容易集中到你身上,好奇你接下来会用哪三个理由来说服他们。

这里需要注意,一个好的结论通常需要符合TOPS原理:

T,Target,有的放矢,对象要明确。你的表达对象是"项目组成员",内容符合对方关心的利益。

O,Overarching,贯穿整体,结构要完整。陈述的观点结构完整,表述的内容清晰。

P,Powerful,掷地有声,观点要明确。盲盒类产品是"最重要"的发展目标。

S,Supportable,有理有据,并非空穴来风。你将用"三个理由"来佐证观点。

证,以上统下。任意层次的论点都必须是下一层论点的概括,最终以事实或数据为论据为止。比如你在论证"盲盒类产品最重要"的其中一个理由是越来越多的年轻人喜爱该品类,此时你就可以再设法找到"去年有多少年轻人、今年又有多少年轻人喜爱盲盒类产品"的数据,以及一、二线城市不同年龄段的人对该品类的偏好数据,作为"以上统下"的数据论据。

类,归类分组。即同一层级的内容必须依照一定的逻辑关系来分组。比如上一个理由是以"产品"方面的数据来进行论证,此外还有哪些方面的理由呢?对,还有渠道和营销方面。当你把产品、渠道、营销方面的三类优势都以分组的方式一一呈现，这些数据和事实就能很好地论证你最开始的结论。

比，逻辑递进。同一组内容也需要依照一定的逻辑顺序来呈现。比如渠道方面，目前盲盒类产品的线上渠道可以继续沿用我们在电商平台上的自有账号；线下渠道则可以随时入驻本地地铁、火车站、机场、十个以上本地大型商场等合作渠道。这种就是以线上、线下的结构顺序；或者以项目启动前、启动中、启动后的时间顺序；抑或按照重要程度来罗列，都能在"逻辑递进"维度帮助你增加结论的可信程度。

事实上，通过熟练地运用"论证类比"，你就很可能在客观上让对方从结论开始，一路跟着你的思路，从最初的紧抓重点，到厘清逻辑脉络，再到最后有理有据的推演，继而对你的论证心服口服。

范式二：会讲故事的"SCQA"

SCQA是一个特别能够抓人眼球的结构化范式。为什么？因为该范式使用了一个"讲故事的逻辑"来进行表述，而且情节跌宕起伏，会让人忍不住想要听完你的陈述。

SCQA分别代表四个英语单词，分别是：

S（Situation）：情景，即处于某种现状，是对客观事实的描述；

C（Conflict）：冲突，在该现状中，遇到了什么挑战或困难；

Q（Question）：问题，冲突的根本原因是什么；

A（Answer）：答案，解决该问题的方案是什么。

出于不同的风格，SCQA的组合方式也会略有不同，通常有四类风格可供选择使用：

第一类风格，标准风格（S-C-A）：目前新媒体短视频仍旧处于红利期，直播带货每天都能产生销量（S），许多竞品都已经在各大短视频平台开启直播带货，但我们还尚未开始（C），所以我们也要尽快在短视频领域发力（A）。

第二类风格，突出冲突（C-S-A）：很多年轻人都想养成自律的习惯，但一到晚上就玩手机，不想睡觉（C），而实际上让人玩手机上瘾是App产品经理巧妙的设计，只需清晰地了解到他们到底是怎么设计的，就能有效地防止自己上瘾（S）。

第三类风格，突出方案（A-S-C）：如果你想要养成早起习惯，千万别早起学习，而要早起娱乐（A），因为人类大脑在娱乐时产生的多巴胺可以抵消因早起而带来的痛苦（S），从而解决早起动力不足的问题（C）。

第四类风格，突出信心（Q-S-C-A）：怎么做才能快速地减去身上的脂肪呢（Q)？有大量资料指出，心率达到一定的范围就可以高效燃烧脂肪,而非消耗体内的糖分(S)。但很多运动不是让心率速度过快以致超过范围上限,就是让心率连范围下限也达不到(C),唯有慢跑和快走才是最适合的快速减脂方法(A)。

范式三:Why-What-How

"Why-What-How"是一个可以在更多场景中适用的范式。

Why:解决重要性。为何进行此次沟通,对方与你沟通之后有什么好处,可实现什么效果?

What:解决议题。沟通的话题是什么?其中的本质又是什么?

How:解决怎么做。理解了本质后,要如何做才能达到想要的效果?

比如我们仍旧以推荐别人阅读本书为例。

为什么要学习"降维沟通"呢?(Why)

因为"降维沟通"区别于只讨论"就沟通说沟通"这种"就事论事"的学习,它不仅帮助读者学会沟通表达,还教会读者在沟通前进行倾听、观察、感知、提问四个维度的输入以及思考维度的改进,在进行真正的沟通表达之前做足功夫,真正增加我们

"通过沟通拿到结果"的概率。

现在我们已经知道降维沟通很重要,但降维沟通的本质又是什么呢?(What)

降维沟通的本质是高维"打"低维。因为每个人的诉求、沟通时的状态、沟通当下的气氛都是不一样的(倾听升维);每个人的性格、思维层次、对信息输入后的反应也不相同(观察升维);沟通者对沟通对手的理解、彼此的信任关系要持续加强(感知升维);沟通者如能通过提问技巧获取更多信息,让被沟通者有掌控感、获得感,也能显著提升沟通效果(提问升维);沟通者倘若掌握"先胜后战"、解决冲突技巧、模型思考等技能,更可进一步提升沟通胜率(思考升维);最后,再通过表达升维,以真正实现高维"打"低维的降维沟通效果。

当我们理解了降维沟通的本质后,怎样才能达到效果呢?(How)

通过Why和What两步的铺垫,你的沟通对象已经开始对"怎么做"很感兴趣了,接下去你就可以告诉对方:通过阅读本书,理解每个章节中无数前人实践总结凝练出来的策略、技巧和结构化模型,就能更容易地获得沟通升维的结果。

你看,使用了"Why-What-How"结构化模型后,一件复杂的事情是不是就变得更容易说清楚了？而作为信息的接收方，也能更高效地接收你想要传递的信息。

事实上，我在撰写本节内容时，使用的正是"Why-What-How"的结构化模型，聪明的你，一定已经看出来了吧。

表达技巧：让表达游刃有余

你是否注意过，有些人每次在开会发言前都会先说一声："我说得不一定对，权当抛砖引玉，大家姑且先听听看。"又或者领导在员工大会开场前有时也会说："我接下来要说的内容如有任何偏误，希望获得大家的批评指正。"

他们说得真的不对吗？难道真的会有人针对领导的发言做批评指正吗？不是的，这些在表达中游刃有余的人之所以这么说，只是因为他们深谙表达技巧，这些技巧可以让自己在表达之后进退有度。

本节我将分享三类有效的表达技巧，让你也能掌控表达，掌控对话。

套路一：话语软垫

什么是话语软垫？软垫我们都知道，它是一层垫在座椅和臀部之间的缓冲层。话语软垫和座椅与臀部之间的软垫类似，它也是一种缓冲。话语软垫主要有以下三个作用。

第一，降低期待。比如同事们知道你会弹钢琴，都起哄让你弹奏一曲。此时，如果先说"自己水平不高，一会儿就给大家献丑了"，那么大家对你的钢琴水平的期望值可能就会先降到6分，接下来你一旦表现出7分甚至更高的水平，所有人就会对你产生更高的观感；倘若没有这层话语软垫，甚至在弹奏前表现过于张扬，给人8分的期待，此时再演奏出7分水平，别人嘴上未必会说，但心里一定会认为"不过如此"。

第二，预防攻击。自己先说一会儿要讲的内容"说得不一定对"，接着再表达自己之所以要"抛这块砖"的目的是引出"你们的玉"。此时，大部分听众就不会用很高的要求来评判你说的内容到底好不好，从而防止出现吹毛求疵的情况发生。

第三，争取时间。有时会有一问一答的对话，并且节奏通常都很快，没有过多的时间留给自己考虑到底该怎么回答。此时插入一个话语软垫就能体面地给自己争取思考的时间。

这类话语软垫都有一定的套路，可以分为三类。

夸夸垫：记得有句话说，"一个好问题胜过一打好答案"。当你夸别人的问题问得很有水平时，别人会觉得很受用，觉得自己的水平比较高。而且由于心理学中存在着互惠效应，即你对别人好会触发别人下意识地想对你好，这样就在客观上降低了问答双方的对抗感。类似的夸夸垫有"你的这个问题问得很有水平""你能问出这种问题说明你对此有过研究""只有心思缜密的人才能问出这样的问题"等。

普遍垫：突出别人问的问题具有较强的普遍性。比如你可以说："你问的这个问题的确是一个高频问题，非常有代表性。所以针对该问题，我们团队也曾反复思考和探讨过，我们的理解是……"

示弱垫：通过放低自己的姿态，让自己在回答前先"立于不败之地"。比如领导问你一个问题，你就可以先抛出一张示弱垫，说"这个问题我以前从来没有思考过，不过我可以试着回答一下"。如果回答得不好，因为之前你就预埋过台阶，所以不至于尴尬；而倘若回答得不错，还能让领导觉得你"不鸣则已，一鸣惊人"。

套路二：先进后退

如果你是一个家长，暑假来了，你希望自己上高中的孩子陪亲戚家的小朋友去动物园游览。但你太熟悉自己孩子的脾气了，他很可能会拒绝掉你的这个请求。此时，你该怎么表达？

类似的场景就曾经发生在五代十国时期，我们用更容易理解的方式讲述这个故事。北魏孝文帝拓跋宏的"公司总部"一直在平城（今山西省大同市），该地气候寒冷，风沙常起，且偏北的位置也不利于其统治整个中原地带。所以"宏总"决定将公司总部搬迁至洛阳。但他也知道"事业部总经理""副总裁"这些臣子必然反对。怎么办？"宏总"发号施令："三十万大军出兵，向南伐齐！"时值九月，途中秋雨连绵，道路泥泞，群臣苦不堪言，逼得之前暗地反对迁都最凶的老臣们在行军路上主动谏言："只要恩准停止南伐，一致同意直接迁都洛阳。"

你以为拓跋皇帝真要南伐？这就是他为了让这些"高管"真正心服口服的"先进后退"套路。什么是"先进后退"？简单来讲，就是假定沟通目标为A，但率先向对方表达"我要的是B"。在对方看来，B的艰难程度比A要更高。此时，对方无法忍受B所带来的心理折磨，就会退而求其次要求A。比起直接向对方要求A，更容易让人心服口服。

理解了"先进后退"的原理，暑假里请上高中的孩子带亲戚家小朋友游览动物园的场景就很可能是小菜一碟了。比如你可以先用商量的语气和他说："我想请你安排一个3日游的行程，带亲戚家小朋友去市里的各个景点都逛逛。"此时，上高中的孩子可能会面露难色。在他将要拒绝但还没说出口的时候，你"后退一步"，说："实在不行，你就带她去动物园玩一次就可以了。"

此时，他很可能会一下子如释重负，答应你的请求。

先进后退的套路可以运用在许多场景中，比如平时请假很困难，可以先请10天，被拒绝后改为请假3天；借钱很难借，可以先借5000元，被拒绝后改为借1000元。学会灵活运用"先进后退"的套路，在类似的场景就可以做到游刃有余。

套路三：未来策略

所谓未来策略，是指通过预测沟通中未来可能发生的情况，有针对性地提前就这些情况有策略地进行表达，从而获得别人的理解甚至尊重。未来策略有两种典型的方式，下面我们就来分别做解析。

方式一：预告最坏情况。

如果你在网上买过一些诸如定制类的家具、洗漱台盆等商品，就会发现商家非常懂得用户的心理。由于这类定制类产品通常服务加工周期比较长，所以客服在和你沟通时往往都会告诉你要45天，甚至60天才能发货。

但实际上你会发现，对方在30天左右就会联系你，告诉你商品已经定制完毕，随时可以发货了。此时你就会获得一种超越期待的满足感，给对方好评。因此，提前把最坏的情况告诉对方，以降低对方的期待，最后再给予对方一个比最坏情况要好一些的结果，反而会让人觉得你靠谱，值得信赖。

方式二：提前说出对方想说的话。

所谓提前说出对方想说的话，是一种充分结合感知维度和思考维度的策略。它要求表达者在洞察他人可能的想法的基础上，率先点破对方将说但还没说出来的内容。

比如小时候犯错了，往往在别人还不知道你犯错的时候主动认错效果会更好。因为当你把别人批评你的内容都说完了，别人也就不好意思再多说什么了。

在工作场合，你可能也曾注意到，部门领导当着大老板的面责怪下属，训斥得很凶，但隔天那位被训斥的下属就仿佛没事人一样，神色如常。这其实是这位领导的智慧在起作用。他责怪下属本质上是在演戏，把大老板想要责备他的内容率先向下传递，呈现出来。大老板一看，原来你们已经有反思了，于是很可能就不会再提了。

当然，反思后的改进还是需要的，因为你可以让人在很多事情上原谅你一次，但无法让人在同一件事情上原谅你很多次。

得体表达：避免尴尬

很多人都说自己嘴笨，一说话就得罪人，很不得体；还有人说错话却不自知，吃了亏才知后觉，恍然大悟。为什么那么多人无法实现得体的表达呢？答案是，得体表达是一种在表达维度中的高阶素养，而这种素养需要在三个方面进行刻意练习。

第一方面：分寸感

什么是分寸感？它是一个人能否在说话、做事的时候保持张弛有度，以及人与人之间远近亲疏的合理拿捏。分寸感的缺失主要体现在以下三点。

第一，喜欢抬杠和否定别人。

你分享一个新闻给某个人，他说"你怎么才知道"；你喝水的声音稍大一点，他说"你这杯水该是有多甜呀，喝这么大声"；你说自己不会游泳，他又说"你怎么连这都不会"。这就是典型的"杠精"，以贬低别人为乐，以与人抬杠为荣。无论关系亲疏远近，他们都喜欢开没有边际的玩笑。很显然，杠精行为在哪里都不受欢迎。

因此，当我们觉察到自己有抬杠或急于否定他人的习惯或者冲动时，就要刻意地干预，可说可不说的坚决不说，可问可不问的也尽可能不问。成年人的克己不是客套或虚伪，而是一种懂得保持距离感的善意。

第二，不分场合和不分对象。

你见过在公司大群里吐槽抱怨，在受到委屈后，公开发表发泄情绪的小作文，在几十人的大会上理直气壮向大领导提建议的同事吗？这些人的结局都不太美妙，为什么？

因为他们没能理解一个关于场合的定律：公开提建议是拆台，私下提建议则是补台。

公开提建议之所以容易被认为是拆台，是因为这么做很容易在凸显自己的同时踩低了别人。换位思考，如果你是大领导，在会场上员工突然向你提了个建议，你心里会怎么想？你可能会认为提建议者的直接领导无能，"事情不能及时解决，才会提到我这里来"，而且，就算与对方不是上下级关系，对方也可能会很困惑"你为什么不提前和他私下交换一下意见，非要在这种公开场合突然发难"？

同样的，不分对象地表达也是另一种形式的分寸感缺失。比如大多数人都知道交浅言深是忌讳，但不少人不明白，自己和一些人虽然认识的时间较长，交情却未必交心，此时如果口无遮拦什么都说，很可能会为日后埋下隐患，懊悔也来不及。

所以，就像季羡林老先生曾经说的那样，说话时要学会"假话全不说，真话不全说"。

第三，缺乏同理心或者同理心过度。

我们在前面的章节中讲过同理心，它是一种把自己的思想代入别人情绪的能力，是能试穿别人的鞋子磨不磨脚，试扛别人的担子压不压肩的将心比心。没有同理心的人通常会对他人表现冷漠，不过同理心过强的人也可能适得其反，很可能会被别有用心的人利用，以满足他们自己的目的。

所以，正如一句金句所述，"你的善良要有些锋芒，你的同理心也要行不逾方"。

分寸感是得体的前提。成于有度，败于无度，拿捏分寸感之度，一次次得体的表达会一次次地决定我们人生的高度。

第二方面：与时俱进的认知

现在是移动互联网时代，我们线上联络的方式也从之前的电话迁移到了微信。在微信环境中也有许多得体的礼仪，如果你不知道这些礼仪，可能就会被他人心生埋怨而不自知。以下这四种，都是不懂这种礼仪的体现。

第一，喜欢问别人"在吗"。

为什么问"在吗"不得体？因为这句提问本身并不包含任何信息，被问者只有先回复后才能获得后续信息，所以，它只对提问者有好处。这就把本身对等的沟通推向不平等，难怪会被列为年度最惹人反感的十大网络流行语之一。

第二，微信总爱给别人发语音。

语音的确很方便，但这种方便是基于发送者自己的。而对于接收者来说，语音必须听完才能知道全部内容，尤其当接收到多条长语音，听到一半不小心打断了的时候，还得重新再听一遍，极大地浪费了接收者的时间。

有的人可能不以为然，语音不是可以转成文字吗？但转文字也是需要时间的，更何况并不是每个人的普通话都很标准，有的人有方言口音，转文字不够准确，就很可能让沟通产生误解。

因此，除非是当下实在不方便打字，还是提前向别人打一声招呼后再发送语音；或者自己先语音转文字，再发送给对方，也是一种有效的方案。毕竟，把麻烦留给自己，把方便留给他人，才是更得体的社交规则。

第三,一言不合直接拨语音电话。

在过去,打电话是要支付话费的,我们拨打电话约定俗成的习惯是随手拨通,接通了就可以和对方沟通聊天;但在现在,如果有网络,语音通话就是免费的,只需解锁屏幕就可以。当通话变得不再稀缺时,被拨打者的时间反而变得更稀缺。因为你拨过去时别人可能正在做其他事情,不方便被打断。所以,如果继续沿用过往那种直接拨打语音电话的行为,就变得不得体,在通话之前询问一声或预约好对方的时间才更符合与时俱进的社交规则。

第四,不懂得或不擅用表情包。

移动互联网的交流以文字为主,但缺乏语气、语调的文字很容易被人误解。你发出去的话在接收方看来很可能是另一个意思。比如,我们可以感受一下这个句子在有无表情符号时语义的异同:

这样做好吗?

这样做好吗?(笑哭)

在没有表情符号时,这句话可能会被人误解为是一种质问;而加上了表情,质问的意思则变得缓和许多。

此外，使用表情符号时还需要特别注意部分表情符号的特殊含义。比如最传统的笑脸符号现在已经不是简单的微笑那么简单，而是隐晦地表示"虽然表面微笑，但内心已经被冒犯"，从而发出了"呵呵"的冷笑。

第三方面：语言技巧

语言技巧是一种能化腐朽为神奇的高阶语言技术，它考验表达者的功力。

你可能听过清代纪晓岚曾在军机处任职的故事。某日，天气炎热，他光着膀子和同僚议事。恰逢乾隆皇帝驾到，同僚们赶紧披上衣衫，唯独纪晓岚因近视没注意，直到乾隆走到近处才发现不妙，于是只好躲在座位底下。乾隆坐在椅子上，知道底下有人，看破不说破，只是一坐就是很久，也不说话。由于天气过热，纪晓岚实在无法忍耐，就问："老头子走了吗？"乾隆一听发笑，周围人也跟着笑。不过乾隆立刻变脸道："纪昀无礼！如何能说如此轻薄之语，如果你有说法则可赦免，没有则死。"纪晓岚说自己没穿衣服，乾隆吩咐太监帮他把官服穿好。乾隆严厉询问"老头子"三字如何解释。纪晓岚磕头道："万寿无疆，这就叫作'老';顶天立地,至高无上,这就叫作'头';天父与地母是皇上的父母,故而叫'子'。"

这是个民间故事,虽然纪晓岚有些巧言令色,但他把原来的贬义词包装成了令人听起来顺耳的褒义词,这其中的技巧正是语言技巧。不过纪晓岚的语言技巧需要深厚的功底,普通人很难驾驭,而一些简单却实用的语言技巧更适合普通人。比如,不说"但是",说"同时"。因为"但是"之类的转折词具有削弱、否定之前内容的意思。举个例子,假如家里人对你说:"我知道你每天工作压力很大,但是你天天玩游戏、看剧,时间都浪费掉了。"此时,你的注意力多半会放在后半句,感觉家里人又来唠叨了。

倘若用语言技巧改装一下,这句话就可以变成:"我知道你每天工作压力很大,同时,除了玩游戏、看剧,还有其他方式可以解压。"这样说,是不是就不太容易激发负面反应呢?

还有,不说"你懂我的意思吗?",而是说"我说明白了吗?"。因为"你懂我的意思吗?"的主体是"我",这句话会给别人一种优越感,在气势上压住别人。与此同时,我们沟通的目的不是显示优越感,压低别人,而是要让语言交流更顺畅。因此,如果想要确认对方是否已经从自己的表达中领会了要领,不如用"我说明白了吗?"来获得反馈。后者会显得姿态更低。

智慧在传递中流动，然后流向低的位置。当我们通过语言技巧让自己的姿态放低，智慧自然就会流向你，任何人都无法阻挡，包括你自己。

关于如何得体表达才不会尴尬，不知道我说明白了吗？（笑哭）

金句表达：让表达更出彩

前面的表达技巧偏重一对一的小范围沟通，不过有时我们也可能需要做演讲或写作文稿之类的一对多的表达。这类面向更多受众的沟通能力是我们在个人进阶之路上绕不开的必备能力。

那么，如何才能在这种一对多的表达中表现得更出彩，本节我将从一个关键要素——"金句"入手为你讲解，让你的公众表达能力成为加分项。

"金句"——表达的关键要素

"表达"这个词由"表"与"达"两个部分组成，"表"是输出，但我们真正想要实现的目标是"达"，即让我们想要输出的内容"抵达"听者或读者的心中。

我们这辈子听过很多演讲，看过很多文章，但在这些演讲或文章中，真正实现了所谓"达"，能在我们脑海里留下深刻印象的，往往是一些凝练、有记忆点的金句。

比如鲁迅文章中的:"世上本无路,走的人多了,也便成了路。"

又如乔布斯演讲中的:"Stay hungry, stay foolish(求知若饥,虚心若愚)。"

还有刘慈欣的金句:"给岁月以文明,而不是给文明以岁月。"

这些金句,无一不是简单明快,直戳要害,字里行间又折射出一些道理,引发共鸣。这些道理与共鸣又能很快地被人们传播。所以,如果在我们的公众表达中,在我们撰写的文章中,也能加入一些合适的金句,很可能成为一场演讲或一篇文章的点睛之笔,让你的公众表达更加出彩!

那么,如何才能生产这类脍炙人口的金句呢?本节为你准备了三种易于生产金句的范式。

生产金句的三种范式

范式一:"ABBA"式。

所谓ABBA式是指一个句子被人为地分成两个部分,并且两个部分中都会出现两到三个重复的关键词,其中包含1~2个名词,1个动词。在前后两个部分中,该关键词的位置与关系正好相反。

比如尼采的金句:当你凝视(A)深渊(B)的时候,深渊

(B)也在凝视(A)你;

还有木心非常知名的金句:岁月(A)不饶(B)人,我亦未曾饶(B)过岁月(A)。

很多人表示,在首次听到这些金句时,都会有种眼前一亮,甚至灵魂被震撼的感觉。这些ABBA式的金句最初可能是妙手偶得,但如果你能刻意根据该结构进行语句的重组,就可以在自己的表达中嵌入它们。

重组的步骤共分为三步。

第一步:找关键词。该关键词与你演讲或写作的主题有关。比如你正在准备一篇关于沟通的文章,这篇文章主要论述的是人际沟通中的策略,你想在文章开篇就强调为人处事不能过于"傻白甜",不能一味地幻想依靠真诚去换取他人对自己的真诚。所以,这里的"沟通"和"真诚"显然就是你可以找到的关键词。

第二步:组织语句。找到关键词之后,你就可以开始着手构建语句了,比如"沟通"和"真诚"可以怎样构建语句呢?根据语义,你可以组织成:"沟通需要真诚";而"真诚"与"沟通"则可以组织成:"真诚未必适合所有沟通"。通过两句语句的构建,你的ABBA式就有了雏形。

第三步:雕琢金句。由于金句的目的是让人醍醐灌顶,所以在雏形的基础上需要呈现出一种张力,能让人从中感受到力量,所以，经过雕琢之后，你的金句就可以呈现为：

"沟通从来都需要真诚，但真诚却未必适合所有沟通。"

你看，一旦加入了"从来都"，"但""却"这些表示语气和转折的要素后，整个句子的张力就被拉起来了，感受一下，是不是句子的境界也一下子拔高了不少呢？

通过ABBA范式，你同样可以生产出下面这些金句：

"如果你不去直视真相，真相就会反过来直视你。"

"人都不是因为优秀而努力，而是因为努力而优秀。"

"自由给不了你自律，但自律却可以给你自由。"

范式二："ABAC"式。

ABAC式与ABBA式略有类似，它有三种不同的呈现。

呈现一：从语义上给受众一层递进的力量感。

比如有一句形容"内卷"的金句叫作：

内卷贬值（A）的不是货币（B），内卷贬值（A）的是你的努力（C）。

当你的听众听到这句话，是不是注意力瞬间就被俘获？

还有一句讲早起自律的内容：

普通人的早起（A）是自律（B），牛人的早起（A）是习惯（C）。

是不是同样可以起到点睛出彩的效果？

递进型的金句通常会在B的位置安放一个常规性内容，而在

C的位置加入你想要特别强调突出的核心关键词，从而给人一种突破原有认知的欣喜感，继而抓住人们的眼球。

为了方便你的理解，再来举个例子，假如你要准备有关员工工作态度的演讲稿。在现实情况中，普通员工通常都把工作当作谋生工具，但优秀员工则十分有主人翁意识，仿佛自己就是创始人，那通过ABAC式的书写，这句金句就可以呈现为：

"二流的员工把工作当作谋生工具，一流的员工把工作当作公费创业。"

呈现二：语义相反，强化对比感。

该类内容通常用来放在一场演讲的结尾部分，用来升华主题。比如以格局为主题的演讲，在结束前加入了ABAC式的金句：

如果你努力奔跑（A），沿路都是风景（B）；如果你左顾右看（A），满地鸡毛蒜皮（C）。

是不是瞬间就让演讲内容添彩不少？

同样讲自律，这句金句开篇就让人耳目一新：

简单的欲望（A），只需放纵（B）就可实现；而高级的欲望（A），则需要自律和克制（C）。

要构建对比感的核心是要聚焦于目标，再寻找语义相反的关键词分别置于B与C的位置，通过语句的重组，给人冲击感。

呈现三：安排谐音或同字异义，制造意外感。

比如形容成功并非一定是好事：

成功这东西，有时（A）非常骇人（B），有时（A）也非常害人（C）。

成功"骇人"容易理解，但成功"害人"则出乎意料，让人很期待接下来的内容。

又如曾经有人在演讲中加入了自己考驾照的经历，最后她用这句金句总结：

别人踩（A）的是离合（B），我踩（A）的是悲欢离合（C）。

当场就引起了爆笑和掌声，获得了不错的现场效果。

不过，谐音和同字异义类的金句不太容易自创，需要平时的广泛积累，如果你能把每次看到的谐音类句式都搜集起来，在准备演讲稿的时候拿出来参考，可以做到事半功倍。

以下为我的部分私人收藏，供你参考：

吃了没几下，就发现吃不下了。

范式三："不是，而是"式。

"不是，而是"是一种创造起来简单，但也能让人获得认知颠覆的金句范式。

如梭罗在《瓦尔登湖》中的金句：

"当你实现梦想的时候，关键并不是你得到了什么，而是在追求的过程中，你变成了什么样的人。"

这类金句，无论用于演讲表达，还是书面表达中，都能让人感到一种思想被穿透的通透，令人醍醐灌顶，回味良久。所以，用好"不是，而是"的范式，往往能唤起受众的情绪。

在具体构建"不是，而是"式金句时，也可以分为三步走。

第一步，找到一个俗见。即我们对一件事情原本的认知，比如很多人认为一本好书就是让读者能学到很多东西，可以在某个方面从无知到有知。

第二步，找到一个颠覆性的认知。比如你想告诉读者，其实一本书更高的意义是能让人在读完后将认知践行为内化，变成自己下意识的行动，从而改变自己的过往习惯。

第三步，找到合适的词汇，把俗见与颠覆性认知串联起来，于是这句金句就可以表述为：

"一本好书，不是让读者从无知到有知，而是让人能真正内化践行，知行合一。"

同样的，我们也可以把降维沟通形容为：

"一次降维沟通的效果，不是在语言上战胜别人，而是让你能通过沟通影响他人的行为，甚至想法。"

当然，以上三种金句范式的构建都不可能是信手拈来的产物，通常都需要花费一定的时间、精力去创造，这个过程需要我们刻意在表达维度上投入修炼过的"专注"。

如果要用一句金句来作为本节的结尾,我想与你分享的是:

"你的人生,不是时间的堆叠,而是你曾专注的所有事情的总和。"

Part 07 第七章

九大场景的沟通心法

到目前为止，我们已经完成了沟通六大维度的修炼，本章将是你修炼之后在降维沟通九大场景中的综合实战应用。不过，就像武侠人物的修行一样，在真正地把降维沟通运用到实战之前，修习降维沟通的心法是你作为故事主人公夯实功力的关键步骤。

心法：为什么目标至上是降维沟通最大的奥秘

你有过这样的经历吗？你进入电梯，电梯里有一位相熟的同事，你们互相点头表示问好。电梯门缓缓关上，右上角的数字开始跳动。此时，空气里弥漫起一种尴尬的气氛。好在，终于到了你要去的楼层，你赶紧和对方道一声再见，然后走出电梯。

在以上场景中，原本你可能期待有一次简短的沟通，但沟通并没有如期出现，反而是尴尬的气氛在蔓延。久而久之，你可能会给自己贴上一个不擅长 small talk 的标签。什么是 small talk？如果要准确地翻译成中文，可能"闲谈"这个词会比较适合。

事实上，在现实生活中，很多人都觉得自己不擅长"闲谈"，这其实和他们不知道闲谈的目的是什么有关。

闲谈与闲谈的目标

什么是闲谈，汉语释义的解释是：随意漫无主题的聊天。那人与人之间为什么要进行这种随意的、没有主题的聊天呢？或者说，一场随意的、没有主题的聊天之后，会发生什么呢？

我问了身边很多人，也查阅了不少资料，进行了许多思考，终于得出一个自己还算比较满意的结论：一场成功闲谈最大的好处是可以拉近人与人之间的关系。

由此来看，如果我们秉持着"拉近关系"的目的去进行闲谈，我们就能有的放矢。无论是在电梯场景，还是在午休片刻、聊天聚会甚至与同事一起乘地铁下班的路上，我们的心中都会有明确的指向，之后就可以调动本书前文所述的修炼的六个维度，去有策略地实现用闲谈来"获得关系"的目标了。

九大沟通场景的目标

除了闲谈场景，我们日常的工作和生活中，另外还有八大场景都属于我们会高频遇到的典型的沟通场景。如果能用心体会并深度思考，了解到这些场景中我们想要达到的目的，那么当我们修炼六大维度的沟通能力后，就能更轻松且有针对性地向沟通方实施降维沟通，获得共赢的结果。

这九大场景分别是闲谈、谈判、说服、汇报、交流、开会、激励、批评和演讲。下面就让我们一起来洞察本质，找准这九大典型沟通场景的目标。

闲谈：目标是为了"获得关系"，这里不再赘述。

谈判：目标是为了"获得交集"。因为每个谈判者都带着自己的条件而来，只要在彼此的方案中找到交集，谈判才有可能达成共识。举个例子，你有一间房子想要出租，你希望最好能月租3000元，而你的潜在租客则希望能以2600元的价格租到。这中间就可能存在交集，存在彼此谈判讨论的余地。不过，高维沟通者并不一定会在价格上纠结许久，因为价格往往只是谈判中的一个要素，谈判双方可能还有其他可以协调的筹码，或者还有不同的需求等待被挖掘、发现。你可以通过倾听和提问维度的技巧，去挖掘需求。比如互相提问后，了解到对方愿意租赁5年之久，而你也不希望房屋短期租赁，造成空档期，于是就能协商出"交集"方案。比如通常都是押一付三（押金一个月，付三个月租金），但你们约定押一付六（押金一个月，付六个月租金）等方式，用双方都能接受的条件达成一致，获得一个租金略低但可以达成共识的交集。

说服：目标是为了"获得同意"。很多人总是分不清谈判和说服的区别，事实上，谈判需要双方都同意，只要有一方不同意，谈判就进行不下去了；而说服则只需要被说服的一方同意，即可宣告说服成功。比如你是一个卖产品、卖服务的销售人员，你的最终目标是通过说服来取得顾客的同意,并且使之最终花钱购买;又或者你不希望父母总是听信宣传,购买保健品交智商税,你的目标就变成了设法让父母接受你的观念,从此不再轻信广告。说服是一门艺术,需要同时修炼观察、感知、思考和提问维度,最终才可能练就有效的说服技术,获得他人的同意。

汇报:目标是为了"获得信任"。汇报通常出现在职场场景中,而且往往是下属向上级做汇报。很多职场人不懂汇报,甚至对汇报不以为意,如果你也有这样的困扰或习惯,那你很可能成为一头"职场黄牛"——默默耕耘、做了很多对公司有利的事情,却依旧得不到领导的赏识。在一场有效的汇报中,你不仅需要在感知维度中有换位思考的能力,还需要在表达维度中实现结构化表达,把汇报内容快速说清楚;汇报时,你还要在观察维度中留意领导的微表情,看他到底对哪段汇报感兴趣;你在做其他某段汇报时,他的注意力是否涣散。一次令人满意的汇报过后,领导对你的信任值会增加,在分功劳、提拔员工的场景中,领导自然也会优先考虑把机会给予平时更信任的下属。

交流:目标是为了"获得信息"。对任何人来说,与你息息相关的信息其实都是有用的资源,它们能让你提早做好准备,防患于未然;它们能让你在面对多重选择时少一些焦虑,多一份定力。比如提前知道公司的最新战略、早些了解组织架构可能发生的变化、洞悉刚刚离职的高管的去向,这些都可能为你的决策和行动获得先机。在交流场景中,如果你在倾听维度拥有听话听音的技巧,假如你能在观察维度根据一个人不同的性格,应用恰当的方式来做交流,你就有更大的概率获得更多有用信息。

开会:目标是为了"获得方案"。很多人都错误地把开会理解成了宣讲会,不仅效果不好,还浪费了大家的时间。在绝大多数情况下,开会的背景通常是项目推进的过程中出现了挑战,需要大家集思广益、出谋划策。讨论出行动方案后,会议组织者还需要协调与会者中专门负责某项行动或在某个领域中擅长的伙伴进行后续跟进。所以,在开会场景中,有效倾听的能力、思考如何更好地组织会议流程,从而激发与会者在策划方案时充分考虑各种情况的能力,都是能帮助你组织好一场会议,获得更好方案的基础。

激励:目标是为了"获得动力"。激励不同于赞美,后者是试图取悦对方,是闲谈的升级版;而激励则是设法激发别人的善意,继而让对方积极主动地完成某件事情,思考某个难题,推进某个目标。激励不仅是针对属下的,还可以对平级同事、上级领导进行激励。那如何针对不同的对象进行激励,去激发他们的善意,就是我们在激励小节中要详细学习的内容。

批评:目标是为了"获得能力"。无论是在家庭还是在职场场景中，很多人把批评变成了情绪的宣泄，而事实上，批评的目的是让对方下一次做得更出色。所以，在批评时，观察和感知维度的训练，能帮助你控制批评的场景、时机和时间；倾听与提问维度的训练，又能协助你在批评后成为通透的赋能者；最后使用提问与表达的组合，帮助你批评的对象塑造出更好的行为模式。

演讲：目标是为了"获得连接"。作为公开表达者，无论你是线下还是线上进行演讲，必定会在同一时间接触到更多人。因此，如果你用一定的技巧，把一场演讲变成了你的高光时刻，让更多人认同你、支持你，甚至让那些更有影响力的贵人记住你，想要与你连接，与你合作，你能获得的机会就比别人更多。所以，在每次演讲开始前，都需要厘清目标、受众，做好结构化表达；在演讲中应用一些感性素材为演讲增添光彩；在演讲的结尾处升华你的主题。用一场出彩的演讲把你的光芒照射出去，从而换取更多高质量的连接。

理解了六大维度，我们就知道了自己需要修炼什么。

理解了九大场景，我们就知道六大维度能力的修炼会在哪里被践行。

接下来，我们将带着六大维度的能力，和你一起在九大典型沟通场景中驰骋，以目标至上为心法，在每一次降维沟通中达到我们的预期目标。

闲谈：你以前是不是用错了力

我们说，闲谈的目的不是毫无主题地瞎聊，而是通过闲谈增进彼此的关系。

你以前的闲谈是否总在搜肠刮肚，使劲表达输出，生怕冷场？又或者别人只是想在碎片时间抒发一下情绪，你却在一本正经掏心窝子给出建议，结果还被人贴上一个过于刚直的标签。

从今天起，你可以从倾听、提问、观察、感知、表达这五个维度去组合用力，扮演三类不同的角色，从而达到既不费口舌，还能收获彼此的关系的目标。

第一个角色：观察+提问=冷读和热捧者

什么叫冷读观察？它是结合我们在观察维度的修炼，在向目标对象提出第一个问题时不显得唐突。

什么又叫热捧提问呢？它是结合提问维度技巧，向目标对象展示善意并为对方制造愉悦，从而拉近彼此心理距离的一种提问方式。

比如你和一个眼熟但不知姓名的同事在地铁里相遇，如果直接问"你叫什么名字"，就会显得特别尴尬。而如果用冷读和热捧者的身份，就可以这样说："嗨，你好呀，经常在公司里看到你，我注意到你的穿着很时尚，你是做设计的吗？"

"注意到穿着时尚"是冷读观察，而推断对方是"做设计的"则是热捧提问。热捧提问的核心是"捧"，所以，就算你不小心猜错了也没有关系，因为你刚才捧的问题是针对其身上一个优点而产生的合理推断，对方在被你夸赞"穿着时尚"时，被尊重和成就的需求就会在一定程度上获得满足。在此之后，你们的话匣子就可以围绕"时尚"开始展开了。

具体怎么展开呢？如果你还记得"上推"和"下切"的追问式提问技术，在这样的场景中，你就可以利用"下切"来继续对话。

比如对方说："我不是设计，我是做市场的。"

你可以继续提问："喔，做市场的人每年是不是都会策划许多活动，马上就要'双十一'了，我们公司这次有什么活动吗？"（下切）

由于和对方的工作相关，属于其优势话题区，此时只要不涉及机密,对方一般会提供更多细节,比如对方可能会讲:"对的,我们最近正在筹备一个直播带货大赛,现在已经联络好供应商了,商品的吸引力和价格都很强。"

你可以接着提问:"具体是些什么商品呢?我也很期待呢。"(下切)

通过不断地进行下切式追问,让对方在自己的优势区域不断地输出。由于输出表达能让人产生愉悦感,这一番交流之后,你们之间的关系就很可能会更近一步发展。

除了穿着打扮,你还可以从对方身上佩戴的一些特别物件来做沟通。

比如对方戴了一个运动手环,你就可以说:"我注意到你戴了一个运动手环,你经常做运动吗?"当对方开始就自己如何使用该运动手环做出具体详细的描述后,你依旧可以使用"下切"的提问手法,抓住对话中的关键词,与对方不断地推进这场令人愉快的对话。

事实上,就算你以前存在一定的社恐心理,在冷读和热捧技巧加持下,再经过多次练习,开启一场与人增进关系的闲谈就会变成一种下意识的举动了。

第二个角色：倾听+感知+表达=有技巧的共情者

冷读和热捧者的角色更适合用来破冰，如果你与对方本身就认识，想通过闲谈进一步加深彼此关系，做有技巧的共情者就是一种很不错的选择。

作为共情者，最核心的职责是对别人表达出的情绪表示认同，同时还要根据对方的语言给出合理的反馈，这里的核心技巧叫作"是的，而且"。

"是的，而且"的理念来自即兴喜剧。在即兴舞台上，演员之间的互动是通过不断用"是的"来承接住伙伴给出的信息，再用"而且"反馈出更多信息，一场即兴演出才能不间断地继续下去。一旦某位演员否定了伙伴之前提供的信息，那这场表演就很容易卡壳。

比如即兴演员A说，我刚在马路上看到一只老虎，演员B假如不是顺着说"是的，而且"，而是说"不可能，你一定眼花了"；或者只是说"好的，我知道了"，那演员A就很难继续推进剧情，演出事故就要发生了。

为什么很多人会在闲谈中把天聊死？就是因为信息输出后不是被否定，就是犹如泥牛入海，没有获得进一步的反馈，如此一来，聊天压力就完全落在其中一方，以至于闲谈无法继续，关系也就无法增进。而"是的,而且"技巧则可以很好地解决普通人不知道如何推进闲谈的问题。

比如,对方说:"这个礼拜工作太忙了,时间过得好快啊!"你应该怎么回应呢?可以说:"是啊,我们小组这礼拜有15个任务要完成,脚都快不着地了。"

又比如,对方说:"今年的年终奖我们部门的系数是1.2倍。"你又该怎么回应呢?你可以说:"太棒了,我们一年的付出没有白费。"

从这两个简单的例子中,我们不难看出,"是的,而且"技巧并不难,简单来讲就是针对对方表达出的内容先给予肯定,然后顺着情绪的方向进一步补充内容就可完成操作。

这里,补充的"内容"可以分为三类:

第一类:根据对方给出的观点,反馈事实类内容作为补充。比如"工作忙,时间过得快"是观点,反馈"任务多达15件"就是事实。

第二类:根据对方给出的事实,反馈观点类内容作为结论。比如"年终奖系数是1.2倍"是一个事实,而"一年的付出没有白费"就是观点结论。

第三类:如果对方给出的内容中既有观点,也有事实,反馈以共情的内容。比如对方说:"今天上午,写了两个小时的文档忘记保存，电脑一死机，什么都没了，太郁闷了。"你可以说："哎呀，是啊，我上次也是，后来只能从头再来一遍。"

当你能通过使用以上三类"内容"以"是的，而且"的方式承接住别人的情绪，别人就会感到自己被你理解了，继而彼此的内心距离也会进一步缩小。

第三个角色：提问+观察+表达=有趣的人格分析者

有时，我们想通过闲谈来与他人发生更深层次的连接，这要怎么做呢？答案是，可以结合观察维度中的人物性格特征的相关知识来做闲谈互动。

为什么这种方式有效呢？因为每个人都想要了解自己的性格，如果你能把这些性格评测的方法与闲谈结合起来，就能获得很不错的效果。

比如在一次直播活动结束之后，几个工作人员无意中开始讨论起有关人们性格的话题，我就借机和她们说："那我们不妨现场来做一个简单的性格测试，怎么样？"

听到和自己有关的问题，每个人的眼神中都充满了期待。

我问第一个问题："请大家回忆自己的高中时代，你觉得自己在与别人沟通的过程中是获得能量，还是消耗能量？如果是获得能量请写个E；如果是消耗能量请写个I。"

其中一个姑娘问："为什么要回忆自己的高中时代呢？"

我说："因为高中时代我们还是学生，在人际交往中的状态会比进入职场后更自然。由于尚未受到社会压力的约束，所以更贴近你自己的本来面目。"

接着是第二个问题："你遇到事情或者问题后，更喜欢从宏观的框架或者使用模型思维去解决问题，还是更偏好细节？如果喜欢用模型请写个N；如果更偏好细节请写个S。"

第三个问题："你觉得自己在处理事情时更接近就事论事，还是会根据自己和对方的远近亲疏做事？就事论事的请写个T；如果会分人、会讲感情请写个F。"

最后一题："你喜欢做事情要有计划，按部就班，还是更喜欢那种随遇而安的感觉，比如一场说走就走的旅行？喜欢计划的请写一个J；如果是更爱随遇而安的请写一个P。"

我接着说："好了，这四道题目做完后，请把你们写下的这四个字母输入浏览器搜索一下，这大致就是你们几位的MBTI性格类型了。"

几个女孩子从网上搜索到属于自己的性格类型，很认真地阅读起来，然后纷纷表示结果和自己的性格特点真的十分相似。与此同时，我也悄悄地把这几位工作人员的微信号备注改为其测试结果的类型，以便在今后的互动中根据她们性格特征的不同略做一些交互策略上的调整。

当然，由于是闲谈中做的简单测试，这种随意的方法不是很严谨。但是，这又有什么关系？因为闲谈的目的不是为了多么科学严谨，而是为了能让彼此比闲谈前拥有更熟络的关系，有更深一些的了解，不是吗？

谈判：如何最大化彼此利益

说到谈判，很多人脑海里浮现出的第一印象是两拨西装革履的商务人士，面对面坐在一张谈判桌的两侧，手持平板或笔记本电脑，进行着一些合作细节上的博弈与交锋。

不过事实上，无论是亲密关系中彼此的商量与妥协，还是在线下店消费体验不佳时为自己争取利益；抑或家庭场景中纠正孩子错误的学习法，这些都是谈判。

所以，谈判的本质不是简单的博弈，而是谈判双方在彼此可以接受的范围内找到"交集"，获得共识。本节就让我们结合倾听、观察、感知、提问、表达五个维度，一起找到有效的方法，来帮助你和谈判对手更高效地达成共识。

方法一：倾听＋观察＝不等价交换者

有一个十分经典的谈判案例：两个小女孩为一个橘子争得不可开交，如果你是她们的家长，你会怎么做呢？

普通家长可能会把橘子拿过来,一掰为二,你一半我一半。不过,如果这样做,谁拿到大一点的,谁拿到小一些的,可能就没办法了;聪明的家长则会请其中的一个孩子来分橘子,然后再让另一个孩子优先挑选,这么做可以迫使分橘子的孩子尽可能做到公平公正。

让我们来看一下这位妈妈是怎么做的吧。当四只小手都紧紧地抓着这个黄澄澄的大橘子,眼看就要把橘子给抓碎时,这位妈妈蹲下来,用双手分别摸摸她们的小脸,问:"你们为什么想要橘子呀?"

其中一个女孩说:"我想用橘子皮做实验。"另一个说:"我想拿橘子肉榨果汁。"她们把自己的诉求表达出来的一瞬间,一下子就找到共识了——一个拿走所有的橘子皮,另一个拿走全部的果肉。

事实上,由于每个人的偏好是不同的,所以同一事物在不同人眼中的价值也是不一样的,如果能将倾听与观察维度相结合,将别人内心深处的BVR,即信念、价值取向或标准挖掘出来,就更可能找到双方的交集,从而在谈判中让彼此都收获更多。

比如Peter是一位互联网产品经理,通过朋友的企业内部推荐,获得了某大厂的offer,这在他看来是一次极为难得的机会。但这次工作机会什么都好,唯一的不足就是离目前的住所有些远，因此，Peter就和爱人Linda商量是不是可以搬家。但如此一来，Linda每天上下班的时间就要加长一小时。两人的谈判陷入僵局，还为此发生了不少摩擦。

一次偶然的机会，Peter习得倾听与观察的技巧，洞悉了不等价交换者的谈判思路，于是就与爱人Linda进行了一次详谈。这次，Peter忍住了自己的表达欲，让Linda畅所欲言，最终居然发现Linda竟然一直有一个从未与自己说过的愿望：希望能在家拍摄vlog（视频录制），在互联网上进行内容创业。

当Peter提醒自己刻意倾听并观察爱人的BVR，引导Linda将内心深层次的愿望说出来后，谈判的焦点就不再是"是否能搬家"了，而是Peter在此之前如何都不敢想象的选项：爱人其实可以放弃朝九晚五的工作。Peter甚至不知道的是，Linda在自媒体vlog上不只是感兴趣，而是已经小有所成，只要投入更多时间，在一段时间后，其收入完全可以支持她全职投入。

所以，当你面对表面上不可调和的冲突时，不妨先停下来，认真倾听他人的心声，观察他人的偏好、价值取向，如此一来就很可能找到彼此的交集，寻找到一个可能的解决方案，继而让彼此都能获得自己认为更重要的价值。

方法二：提问+表达=善用准则者

如果你加班加到晚上9点半，感觉自己的肚子饿了，于是走进公司食堂，点了一份鸡米花当夜宵。尽管小食很快就做好了，但你吃了第一块，就发现鸡米花一点都不脆，而且还是软乎乎的。你想让打餐的阿姨帮忙换一份，或者加热一下也好。不过你才提完要求，后面一个穿着像是大厨的男子就双手交叉在胸前，对你冷冷道："我们马上要收摊了。"意思是，你就这样将就着吃吧。此时，你要怎么说才能达到你的目的呢？

请带着这份思考让我们一起看一位携带家人出游的善用准则者是如何通过提问与表达技巧的结合为自己争取到权益的。这家人一起去泰国游玩，原本的飞机定在下午4点起飞，由于接近饭点，该同学特意为家人订购了价格不菲的空中餐饮。但没想到，由于天气原因，航班延误到了次日早上9点才起飞。此时，一家人已经用过早餐了，可在飞行过程中，空中乘务人员仍旧把餐品发放给他们，并告知不能退款。

旅行结束回国后，这位同学就致电航空公司客服，简单说明了情况。一开始，客服表示理解，但说明了企业有规定，在这种情况下，餐食的确不能退款。该同学于是发起提问：由于航空公司的班机延误，非要把前一天晚上订购的晚餐，硬塞给次日已经用过早餐的乘客,这是贵公司的准则吗?电话那头语塞了。该同学又补了一句:"如果这并非贵公司的本意,我希望能获得退款。"

结果如何?当天下午,客服在请示主管后,这位同学就收到了令他满意的答复。

在该案例中,该同学通过提问和"一针见血,直击要害"的分析,帮助客服了解了这个规定的无理,促使客服请示主管领导,从而找到了谈判的交集——退还不合理的餐饮费用,避免航空公司的口碑遭受打击。

所以,如果让我们带着"善用准则者"的思想回到深夜食堂的场景中,一个很好的办法是找到公司食堂里许多类似"全天候为员工提供优质食品与服务"的口号(当然,如果实在找不到也没关系),然后询问对方:"临食堂关门前,提供优质的食品与服务的要求会失效,这是我们公司食堂的规定,对吗?"

对方听了这番话,一般情况下会选择配合,按照你的要求更换食品或者帮你重新炸一遍鸡米花了,以免遭到投诉。

方法三:感知+表达=情感补偿者

家庭从来就是一个讲感知的地方。如果你能熟练使用感知和表达技巧,成为一个情感补偿者,你也能收获和谐的家庭关系。

有一次，我在书房里写作，忽然听到儿子的房间里传来大哭声，我走到他的房间门口，看到爱人抓起拖鞋，"啪啪啪"地往儿子的手臂上砸，嘴里还喊："你到底在学些什么？这么简单的乘法拆分技巧，你为什么就不会做！"

儿子被打后，大哭升级成了尖叫，我慢慢地走到他们两个人中间，分别在爱人和儿子的手臂部位摩挲了几下，也不说话，然后看他们到底在讨论哪道题。

我问儿子："你这道题目不会，自己也很着急，对吗？"（共情）

"呜呜，嗯。"儿子哭泣声减轻了，但还是忍不住地抽泣。

"你看"，我用手指指着他写的答案，"这道题之所以会错，是因为你跳了一步（结论先行），你没有把'88×5拆解成11×8×5'，所以就不容易理解（分析跟上），对不对？"

"我好像会了。"儿子抹了一把眼泪，拿起橡皮把错误的过程和答案擦掉，写上了对的答案。

为什么我没有一上来就阻止爱人打小孩，而是任由她拿拖鞋把孩子揍一顿呢？答案是，在爱人情绪激动的情况下与之直接发生冲突，容易成为"诈尸型教育"（平时管教少，时不时来掺一脚），导致自己连同孩子一起挨训。

所以，在正式进入"战场"前，先在脑海里勾勒好我们三个人的交集可能是什么，即孩子停止被打、儿子也能学会正确的做题方法。

接着，我再通过心理学中皮肤接触可以安抚双方情绪的手段，先摩挲两人的手臂，让他们都能从激动中冷静下来。然后，对儿子说"你自己做不出这道题，爸爸也着急"，以此在感知上与儿子产生共情，让他感受到爸爸其实懂他。

最后，情绪平稳后，再通过一个"结论先行，分析跟上"的结构化表达的范式，让孩子瞬间就明白自己在解题的过程中哪里有误，要如何改进。

因此，如果你也能在类似家庭情绪冲突的场景中，使用感知与表达的结合，以一位情绪补偿者的姿态出现，你也可以有效地找到大家期待的交集，完成一场家庭场景的谈判了。

说服：如何说服他人

说服的本质是获得他人的同意。让领导同意支持你的方案，让同事或下属真心诚意、心服口服地同意与你共同推进目标，甚至让某个群体心悦诚服地改变某种观念。

本节，我们将分别从逻辑说服和感知说服两个层面，来讲解说服这件事。

思考+提问=逻辑说服者

逻辑说服是最常见的说服方法，不过它很考验一个人的思考与提问能力，通常有三种有效范式。

范式一：对反对观点的事实提出疑问。

我们在前面的章节中学习过"论证类比"，明白所有的观点都需要事实来支撑才会更有说服力。所以，当我们有针对性地对事实提出疑问时，就能削弱别人的反对观点，增强己方观点的说服力。比如请看下面这段对话：

爸爸:"你好不容易才进入知名企业工作,为什么每天晚上回家后还要做什么短视频创业,创业都很容易失败你不知道吗?"

儿子:"爸,您了解过什么是短视频创业吗?"

爸爸:"这……我不太了解。"

儿子:"短视频创业是一种低成本的副业创业,您不了解就说它很容易失败,是有什么其他根据吗?"

爸爸:"……"

此时,儿子如果有自己的事实支撑,想要进一步加强自己的观点,可以打开短视频后台的收入数据给爸爸看,只要数据不是太差,就足以在一定程度上说服爸爸不再反对自己创业。

范式二:对推理的前提假设提出疑问。

有坚固事实支撑的观点就一定有说服力吗?不一定。古语有云"皮之不存,毛将焉附"。如果"观点与事实"所需要的前提假设站不住脚,那么整体的论证同样也会站不住脚。

比如一个财务BP(财务业务伙伴,通常都需懂业务与商业逻辑)要审批某笔广告投放预算时,可以使用质疑前提假设的方式来说服对方把方案再构想得完整一些。

员工:"您好,我们新产品的财务审批目前在您这里,附件中的事实与数据依据是比较完整的,请问是否可以通过审核?"

财务BP:"我看了数据,的确是完整有说服力的,而且产品也很不错。不过你们的产品方案是建立在一个很难成立的前提假设上,即你们假设当产品起量时,没有竞争对手会来蚕食市场。"

员工:"这……"

财务BP:"所以,我希望你们再讨论一下,如何才能构建产品方案的'护城河',至少让那些看到红利的竞争对手没那么容易模仿你们的产品。"

范式三:对方案的主要目的提出疑问。

事实支撑完整有力,前提假设无懈可击,是否就万事大吉了呢?仍旧不是,国内知名商业顾问刘润老师曾说,最重要的,不是如何从17分钟中省出17秒,而是用17分钟思考清楚,一个17小时的任务是否值得投入。

员工:"领导,为什么我们花了2周做的方案最后还是被否决了呢?"

领导:"我们今年的目标是什么?"

员工:"用户数量增长到1亿。"

领导:"那这份方案的目的是什么?"

员工:"为公司获取100万收入。"

领导:"收入不是我们今年的目标,现在着眼于收入很可能会显著放缓用户增长的速度。"

员工:"……"

领导:"所以,行动要围绕目标进行,我表达清楚了吗?"

观察+感知=感知说服者

感知说服是一种在充分了解被说服者思维层次的基础上,利用感觉、情绪、情感来实现说服目的的方法。有别于理性的逻辑说服,感性的感知说服者并非"晓之以理",而是利用类比的方法充分唤起他人头脑中的画面感;或用调动人们感官的方式令人获得"虚拟"的"真实"体验,从而实现说服目的。

第一,感知说服之类比说服法。

所谓类比,是由两个对象之间某些相同或相似的性质来推断其在其他性质上也具有相同或相似情况的一种推理形式。而类比说服法则正是利用了这种相似性质,从而有效地帮助被说服者理解说服者想要传递的内容,继而改变被说服者的观点。

比如在我们上学时,有些学生会质疑:除了四则运算,数学还有什么用,为什么要去学习那么复杂的公式、定理。此时,缺乏同理心、无法与孩子将心比心的老师可能会摆出"数学之美",试图说服学生,但学生们有多少人的思维层次能抵达如此高的境界呢?所以,这样说服显然无法获得预期效果。

但一位名叫迪安·舍曼的数学老师，却在网上通过类比说服法，与来自全世界的学生互动，让很多学生充分体会到学习数学的意义。

据舍曼老师的说法，尽管你将来可能很少会使用数学，但请你想象一下健身中托举杠铃这个项目。许多人练习这种类似举重的项目，并不是想在哪天把人按在地上，接着又突然抓举起来。人们之所以练习它，是为了有强健的体格，在运动场上有足够力量与对手对抗；是为了在家里为你爱的人搬运重物；是为了将来和你可爱的孩子玩举高高，让他欢笑。

而你学习数学，也是为了锻炼你的逻辑和运算能力，让你将来可以成为一个优秀的医生、工程师、会计或老师，数学是人们在大脑中进行的杠铃练习，它不是目的，而是一种方法。

你看，舍曼老师通过对学生群体的洞察，通过"数学"与"举重"的类比，让学生产生了感知上的代入感，使他们看到练习杠铃后在运动场、家庭环境中拥有健壮体格和家庭温馨的画面，以及学数学能带来的裨益，在孩子们的认知中实现了一次穿透，继而转变了他们的想法，让他们产生学习数学的原动力。

第二，感知说服之感官调动说服法。

感官调动说服法主要通过语言和演示，充分调动人们大脑中的镜像神经元，让人们即便没有亲身经历，也能获得一定的体验感,最终转变他人的认知。

卡莫尔·卡尔博士就是感官调动说服法的成功代表,他作为世界卫生组织的专家,曾被委派到贫困国家,专门去解决当地文化水平较低民众的随地大小便的问题。

在此之前,已经有好几任精英用了九牛二虎之力,游说当地高层拨款并建设了许多公共厕所,而且还设法加大宣传力度,重点突出随地大小便对社会和个人的危害。

按理说,就算不起波澜,也应该溅起一些水花,但令人沮丧的是,在不少地方,人们不仅不爱使用公共厕所,反而还把里面的零件拆回家用了。

在调研中,还有居民认为:"难道我要把粪便排泄在比我家还高级的建筑物里吗?"

卡尔博士在观察了这些现状后,他是怎么做的呢?

他邀请当地居民聚集在一个广场,然后拿出一瓶矿泉水,慢慢地倒入一只干净的杯子里,并询问:"大家是否愿意喝下这杯水?"几乎所有居民都点头同意。

接着,博士从自己的头上拔下一根头发,并将该发丝小心翼翼地沾一下事先准备好的粪便,然后把这根沾污的发丝轻轻地伸入装有矿泉水的杯子里搅拌一番,并大声询问:"现在,还有人愿意喝下这杯水吗?"此时,几乎所有的民众都表现出嫌恶的神态。

接着，博士继续说："苍蝇的六条腿不仅比这根头发丝粗，每条腿上还有齿状绒毛。大家见过苍蝇趴在粪便上，又飞到大家的食物上吗？"说到这里，聚集的居民立刻会意识到自己每天早上都把什么吃进了肚子里。

这类演讲在该地区的很多村镇都进行了一遍。每次路演结束后的几个月内，当地的随地大小便率就会从约34%急剧下降至1%以下，这种感官调动说服法的效果可见一斑。

事实上，无论是类比说服法还是感官调动说服法，都可以遵循如下三个步骤来进行设计。

第一，找到认知起点。通过观察被说服对象的思维层次，充分理解他们的认知起点在哪里。比如学生群体，他们很可能无法理解高深的数学之美，但都对鲜活的体育锻炼比较熟悉；又如当地民众，他们可能听不懂随地大小便对社会的危害，但都能感受被粪便污染的水饮用起来很恶心。

第二，设定认知终点。厘清说服的目标是什么，我们想如何去改变被说服者的认知，要引导他们走到哪个地方。比如我们希望学生不再被迫学习数学，而有发自内心的动力；又如卡尔博士的目的则相对简单，让当地居民不再随地大小便。

第三，从起点到终点建立梯子。通过感知，利用同理心进行换位思考，假设自己就是他们，在受到什么样的引导后，才能渐渐地改变想法和观念,从原来的旧认知变化为新认知呢?于是,就有了前面你看到的杠铃类比与头发丝实验了。

感知说服法虽然构建起来并不算容易,但效果却十分显著,如果我们可以通过积累这方面的案例,从别人的经验中不断地汲取养分,将来就可以在特定场景下借鉴和使用这一有效方法。

汇报：为什么你总是得不到领导赏识

只要你是个职场人，就一定经历过大大小小各种汇报。简单一点的汇报譬如早会，复杂一些的可能是大型项目方案汇报。我们说，任何沟通我们都要遵循目标至上的原则。汇报的目的是什么呢？是让领导支持我们。而一个人之所以愿意支持我们，本质正是"获得了他的信任"。

因此，本节我们将围绕如何通过汇报以获得信任来展开，在此过程中，我们需要扮演好三个角色。

观察+提问=有效对焦者

汇报的首要任务是对焦。什么是对焦？对焦原指照相机在拍摄时调整焦点的距离，使画面更清晰。在汇报的场景中，对焦则是指确保我们接下来的行动要与领导的目标吻合。

因为组织是一个整体，在这个整体中，如果每个个体用力的方向不一样，最终力量就会互相抵消，企业里的内耗就是这样发生的。

所以，如果你不希望自己的努力白费，就千万不能只懂低头拉车，更不能热衷于闷声憋大招，给领导制造"惊喜"，因为如果你没有时不时给领导汇报工作来"对焦"的意识，等到你放大招的那天，"惊喜"很可能就会变成"惊吓"。

那么，如何才能成为一个有效对焦者呢？你需要注意三点。

第一，观察领导的关注点。

可以在各种场合观察领导最近经常会把什么关键词挂在嘴边。比如开会时，以前从没被提及过的"内生型增长"被领导高频使用，那你就要设法去了解这个新名词的含义，然后梳理自己工作中的哪一些方面可能与之相关。

你还可以注意观察领导在会议中的微表情。比如他在听到哪些内容时直起身子，身体前倾；又在讨论什么话题时眼睛发亮或者提问较多。当你能敏锐地识别领导的关注点后，就可以对大方向有一定的了解，从而在分配自己的精力与时间时可以有所侧重。毕竟，急领导之所急，你才算走上了获得领导信任的阶梯的第一级。

第二，通过周报的形式"提问"。

无论你所在的部门有没有周报制度，都应该自己养成写周报的习惯。一方面，你可以通过梳理自己本周的工作向领导展示自己的成果。另一方面，当你罗列下周要进行的工作事项时，就等同于在向领导提问：这样做是否符合了您的期待？因为如果领导发现你下一周要进行的工作内容与他的期待不符合，他就会主动为你纠正。而且，写周报的过程也可以让领导建立掌控感，而掌控感的升华版则正是"信任感"。

当然，写周报千万不要动不动就写个千字长文，而是尽可能的简短，控制在300字以内。因为太长的信息阅读起来会很有压力，领导不一定能把内容读完。如果你写得很辛苦，你的读者却没有仔细阅读，那么等于又浪费了努力。

第三，对焦不要害怕变化。

有人会觉得，领导总是在变，今天这个计划，明天又变了个计划，我跟在后面团团转，很累。马东对此曾经做过一个类比：如果你是考生，你在考场上发现自己不知道这道题到底应该选A还是选C，然后你写了A，又想改成C，但这时你发现自己的橡皮擦怎么都擦不掉写下的答案时，会不会就想下次换掉那块橡皮？而一块好用的"橡皮"，自然能得到"考生的重用"。

事实上，由于市场每天都在变化，这就导致了组织的计划也不得不经常跟着变。所以，成为一个能拥抱变化的人，高频地与自己的领导对焦，为目标随时准备应对变化，就能增强你与领导之间的信任感。

感知+表达=有效汇报者

在汇报时，尤其要学会管理领导的注意力。我们都知道，注意力是一种稀缺品，因为一个人一天就只有24小时，24小时中，除去吃饭、休息，真正能聚集注意力的时间就更有限了。所以，学会管理领导的注意力是一门学问。

第一，要做好这一点，首先我们可以换位思考一下，感受领导的注意力是如何被转移的。假设你就是一个领导，每周会参加不下10场会议，而且在每个会议中，你又都要设法听懂每个汇报。此时，你会不会希望你的每位下属都说得越简单易懂越好？

现在我们再换回来，审视一下自己平时的汇报习惯。普通人是不是经常会以事情发展的时间顺序为汇报顺序；或者，一定要讲清楚来龙去脉，最后再呈现结论呢？而这种结果后置的表达已经被验证是理解难度比较高，很难抓住听者的注意力。

所以，如果你能使用我们之前一起学习过的结构化表达，通过"SCQA"模型或者"Why-What-How"模型的运用，把最重要的信息放在最前面，就能在最大限度上降低领导的认知负担。

第二，再让我们重新站在领导的角度思考。如果你传达了一项任务，下属领取了你的任务，结果一个礼拜过去了，一声都不吭，你会作何感想？你是不是觉得这下属不靠谱，怎么就突然失联了？

再让我们换回角色，作为员工，手上的任务出现了问题，会担心这样没有结果的汇报没价值，甚至因此挨骂。这的确是很多人最本能的反应。不过高手和普通人的差距也恰恰就在这里，一个有效的汇报者能感知到领导的焦虑，同时也有勇气把自己无法推动下去的卡点清晰地呈现出来。

其实，有时我们推动不了的卡点，在领导的眼中没准就是一个电话就能解决的事情，但如果我们一直不闻不问，也不把问题和卡点暴露出来，就会使你与领导之间的信任感下降。

所以，与其让这样的事情发生，不如鼓起勇气，直面自己的恐惧。可以这样对领导留言："领导，关于这个任务目前还在推进中，不过由于某某原因，暂时还没有太大的进展。我已经召集团队伙伴共同探讨解决方案了，届时研究出可行方案后，我立刻再来向您汇报。"

你看，在上述这段文字中，你已经充分表达了某个具体的原因，所以如果领导能帮上忙，他就有可能来帮你；而就算这项原因超出了领导的影响范围，那至少你同步了最新的进展给他，你在他的眼中就依然是透明的、可控的，他对你的信任感至少可以继续保持不减。

思考+表达=有效推动者

领导会为过程喝彩，但只会为结果买单。所以，如果要进一步获得信任，你还必须成为有效的推动者，最终拿到结果。在此过程中，你必须注意两点。

第一，在任何一次重要汇报开始前，我们要有"先战而后胜"的思想，提前预判好领导可能问的各种问题，并且事先准备好应对方案。

比如我在刚开始工作时，我的直属上司在某次运营会议上的发言令我印象深刻。那次会议上，他的方案遭到了某副总裁的质疑。副总裁认为，整体方案的逻辑尽管合理，但其可行性却是建立在某种假设上的，一旦该假设不存在了，那么方案也就马上立不住脚了。正当所有人以为我的上司被问住时，没想到他不紧不慢地按压翻页笔，把PPT跳转到"The end & Thank you"页面（即最末页）后的隐藏页，该页面上罗列的问题几乎与副总裁提出的问题一模一样，而这些问题的下方则是我的这位上司准备的解答。

不仅如此，之后的页面更是多准备了五六个在场高管尚未思考到的问题和答案。这个运营会一直以来都被称为"魔鬼会议"，没想到上司竟然一次就通过了方案会审，且在后续的执行过程中也异常地顺利。

第二，任何一次重要汇报，千万不能汇报完就结束了，而要用和善的态度坚定地请领导做出某个决策或指示，以帮助我们采取进一步行动。比如你可以这样问："领导，那么接下来我们是否可以按照方案开始工作了呢？"

这是一个看似不起眼但十分关键的动作，尤其在公开会议中，一旦领导做出了肯定的答复后，领导的权威会通过他"确认同意"的动作转移到你的身上，周围的资源也会变得更容易整合以配合你。所以，"领导一句话，胜过千里马"并非一句虚言。正是这些资源的配合，让你在客观上更可能拿到结果，进而获得更多的信任，从此开启一个"领导越信任，越容易成事；越成事，领导越信任"的正向增强飞轮。

交流：如何成为信息枢纽

你的身边是否有这样一类人，这些人总能获得第一手准确信息。经常当你才知道一件重要事情时，人家早就知道好几天了。

他们与各部门核心成员都有着不错的关系，就像以前大学里的学生会干部一样，认识很多人，也总能利用更多信息做成事情。

没错，他们就是人们眼中的交流高手。我们说，交流的本质是获取信息，所以这些人也常常是一个组织内真正的信息枢纽。正因他们具备"信息优势"的特点，所以这些交流高手在日常工作中也就更容易在信息优势的加持下积小胜为大胜，如同滚雪球般不断地为自己、为部门创造机会，获得资源，最后产生让人意想不到的成果。

那么，如何成为手握准确信息的关键信息枢纽，成为这样的交流高手呢？本节将从三个方面来与你分享，如何与别人交流。

感知+思考=聪明的连接者

要想成为信息枢纽,首先就要成为一名信息连接者。但这里的连接并不是遇到谁就与谁连接,而是设法与掌握更多关键信息的关键人物形成连接。

目标很清晰,但很多人都会卡在这里,因为有三座大山等待着他们。

第一座大山:如何首次与关键人物发生接触?

在企业内部,一个很实用的方法是"请教问题"。一般公司内都能查到目标对象的邮件地址、企业微信或钉钉联系方式,但如果你冷不丁地给别人发邮件或者钉钉留言都过于唐突。此时,你就要设法先从侧面去了解你想要请教的对象在哪方面是专家,通过向他请教专业问题的时机与对方产生第一次接触。事先要做好功课,将你打算"请教"的问题列成提纲,进而在正式接触时以这种向专家请教专业问题的姿态沟通交流。

如果对方很忙也没有关系,因为每个人都要吃饭,在中午时间请对方一起共进午餐,一边用餐一边请教就有更大的概率获得接触机会。而且,因为用餐的气氛是轻松的,你与这位关键人物就可以在相对自然的状态下形成首次对接。

第二座大山:见面后如何为彼此开始建立联系制造理由?

我们通常在一些社交场合交换名片或添加微信后，嘴上说要保持联系，但后来对方总会变成你通讯录里一个冷冰冰的名字。那么，如何才能在初次接触后建立彼此的联系呢？答案是，你要让对方认为你对他有价值。

比如你擅长做PPT，就可以和对方说："我在PPT方面有一些小心得，人家都说我的PPT有颜值、有数据、有逻辑，能给人留下比较深刻的印象。"然后你就可以拿出手机给对方看看，并且补充一句："如果您以后有需要的话，我可以帮您做。"由于PPT是职场上的刚需，关键人物往往时间稀缺，所以，一个免费PPT的撰写者有很大可能符合他的需求。

当然，每个人擅长的优势技能都不一样，但只要你通过同理心去感知别人的需求，通过思考挖掘自身的优势，并设法与对方的需求去做匹配，那么对方就会有很大可能开始需要你，你也更容易与这位关键人物建立联系。毕竟，所谓人脉，不是你认识多少人，而是你能帮到多少人。

第三座大山：如何设计能够让彼此持续地联系的理由？

如果一段时间后，关键人物来联系你，派活给你，你就可以开始使用你的优势技能了，这当然是最好的情况。但很可能人家并没有把你的承诺当回事儿，此时你就需要提升自己的"存在感"，将作品发在朋友圈，通过朋友圈里"部分可见"的功能，多次让关键人物看到你的作品。这样一来,一旦有需求了,关键人物自主找你"求助"的可能性就会大大增加了。

倾听+观察+提问=关键信息探寻者

通过与关键人物频繁地接触来获得关键信息,的确是获得信息的重要方式之一,但很多时候你与关键人物可能仅有一次接触,此时,你又要如何通过交流来获得关键信息呢?

这里就需要使用倾听、观察与提问三大维度的技能组合,"旁敲侧击"。

什么是旁敲侧击?它是通过巧妙的问题设计,让对方在不知不觉中透露出你想要获得的信息的方法。

比如面试、应聘是典型的与关键人物仅发生一次接触的场景,在该场景中,如果你能施展旁敲侧击,发现面试官头脑中完美面试者的画像时,你离拿到工作offer就不太远了。

很多面试高手深知这一点,于是他们会在有意无意间这样与面试官交流,例如他们很可能会问:"不知道您方不方便说一下您的职业历程?"

因为面试官一般都有相当丰富的工作经验,所以在被问到这个问题时,就很容易打开话匣子,详细地向你阐述自己的职业生涯经历，在这个过程中，面试者很容易通过倾听和观察，发现面试官可能的性格特征和BVR（信念、价值观、准则）。

比如有一位面试官是这样介绍自己的："我以前在传统广告公司做创意总监，后来与人合伙创业，创业创到一半的时候，现在这家公司的创始人老张叫我过来帮他，由于我们本身就是一家互联网企业，市场空间很大，施展拳脚的空间也很大，于是从三年前一直做到现在。很感恩老张。"

听完这位面试官的陈述，有经验的面试者马上就意识到在这位面试官的BVR系统中，能放开手脚做事和具有感恩心是十分显著的特点，而人们天然喜爱与自己特点类似的人，所以在接下来的面试中，只需要不断地突出自己愿意大胆创新和具有感恩之心的特点，就有很高的概率获得该面试官的青睐。

此外，我们之前学习过的"假设式提问"也能用来对关键人物进行旁敲侧击。比如你对自己今年下半年的绩效被打几分非常好奇，但你的直属上司始终没来找你谈话。你很担心这次被打了一个比较低的绩效，如果是这样，可以早做准备，可眼下却似乎一筹莫展。

眼看绩效复议的截止日就要到了，此时，如果你能知晓自己的绩效情况，至少还能在截止日之前采取行动做一些挽回，或者开始着眼于内部转岗、跳槽面试。

假设式提问可以在该场景中帮你获得你想要的信息。比如你可以和关键人物交流，即对你们公司的HRBP（人力资源业务伙伴，通常可以查到员工的绩效）这样提问："请你帮我查一下本次绩效，但不用告诉我，如果我这次绩效为'差'，请帮我申请复议。"

你看，在规则允许的范围内，HRBP不能越过你的直属上司告诉你绩效，但申请复议的通道却在他这里，通过这种假设式提问，你如果被告知不用复议，那么绩效至少不是差；如果被告知可以复议，那你也能在截止日到来前采取必要的挽回措施。尽管绩效复议一般仍旧会维持原判，但这种用假设式提问刺探信息的方式却能帮助你找回主动权，而不是等到年终奖发下来时才大呼不妙，连考虑内部转岗或者另觅下家的时间也都被耽误了。

观察+感知=有效信息验证者

有时我们手上的信息未必准确，此时就需要通过一定的方法来进行验证。

一种方法是亲自验证，但是很显然，这种方法不仅费时费力，而且由于验证的渠道比较单一，所以未必能对获取的信息进行有效验证；另一种方法则是多渠道交叉验证，这就需要你建立自己的"线人"系统。

这些线人都是有动力、有能力为你持续地提供信息的人。比如负责清洁打扫的阿姨，门口的保安或者前台工作人员。由于他们处于一线，总是能获得公司高层人物的一些小道消息。当你能把从各个渠道获得的重要信息进行交叉验证时，你才能真正地知悉哪些信息是有效的，哪些信息又是失真的。

在建立线人系统时，有三点必须注意。

第一，你要通过比较长时间的观察与验证，找到那些你能信得过的线人，如果少数线人提供的信息总是有误，那你就必须去物色其他更靠谱的线人。

第二，你对线人必须富有同理心，无论是物质上还是精神上的激励，一个都不能少。比如每次有多余的会议餐，你就可以第一时间想到这些线人。人心都是肉长的，你平时对线人好，线人就很可能在接到你的信息需求时能够十分迅捷和准确地把信息传给你。

第三，长期来说，你要尽可能地与线人们建立信任关系，只有让他们觉得你是一个值得提供长期信息的人，你才能具备长期的信息优势，成为企业里真正的信息枢纽。

开会：高效会议

开会是我们在企业中几乎每天都会遇到的场景。开会的成本其实很高，一场会议的成本=每个人的时间成本 × 参会人数 × 会议时间。所以，假如一家公司员工的平均时薪为100元，一场2小时的5人会议，其成本就是：100 × 5 × 2=1000元。

因此，作为某个项目的负责人，如何在更短的时间里开好会，开出结果，开出效率，正是该场景下十分重要的课题。

同时，开会分为共识会和共创会，前者主要用来同步信息、达成共识，而后者则主要是调用大家的智慧一起提出建议，解决问题。

共识会往往可以通过发公告、发通知邮件等方式来实现，而共创会则不可避免，是通过开会在企业内汇聚专业人士的头脑，共同找到挑战或解决问题的重要方法。

由此可见，开（共创）会的本质是获得方案。那么，如何才能让参会者高效地贡献智慧呢？这里分享两个办法。

思考+倾听="六顶思考帽"会议的组织者

我们在之前的章节中简单地介绍过"六顶思考帽"的工具，它是一个能帮助团队通过六种不同的视角把方案打磨得更完善的工具。下面就让我们来一窥它的全貌。

第一顶帽子：白帽子。

白帽子所起的作用是信息同步。它就好比摊开一张白纸，把所有会议相关的内容和与会者同步。作为会议主持人，需要引导大家把自己知道的信息一一呈现出来，在这个过程中，所有人只说事实，不说观点。

什么是事实？我们在之前的章节里说过，这里再复习一遍来强化记忆。事实就是事情的真实情景。比如竞争对手一个月前推出了与公司产品功能重叠的产品；上周的活动总共有1200位用户参与；今年上半年的销售额完成率是25.7%。

什么是观点？观点是观察事物的立足点或态度。比如这个方案有问题；这样做用户体验会很差；某款游戏产品能令用户很快上手。这些都是观点。

怎样区分事实和观点呢？你可以试试在一句陈述之前加一个"我认为"。加上后逻辑很怪的，是事实；加上后很通顺的，则是观点。

第二顶帽子：黑帽子。

黑色，给人不太妙的感觉。大家都戴上黑帽子，表示你们就要开始罗列所有方案中令人感到有问题的地方了。例如我们以第一代共享单车为例，很多人觉得骑起来太重了，下雨天泥水四溅，二维码总是被人破坏、扫描不了，等等。

这个过程是利用团队智慧找到核心的高频问题，但是请注意，有些特点在一部分人眼中是问题，在另一部分人眼中则是优点。

使用黑帽子的最大好处在于，该环节强制要求大家一起对方案挑刺，抛却了立场。因为当会议中有人存在立场，就很容易引起情绪之争。尤其当自己的方案或者设计被人诟病时，普通人很难压抑这种冲突感；但如果要求所有参会人员都戴上黑帽子，那么大家的立场就会变得一致。毕竟，挑刺是这顶黑帽子要求我进行的行动。

第三顶帽子：黄帽子。

戴上黄帽子时，所有人只说优点，不说缺点。在此过程中，那些又是优点、又是缺点的特点就会浮出水面。仍以首代共享单车为例，其优点如下：普通自行车车轮支架使用的是钢丝，第一代共享单车则使用坚固厚实的支架轮毂；车轮使用实体，不用打气，减少维护成本；前方车篮与车骨架绑定，不随车头方向摆动；等等。

当罗列出这些优点后，优势方面的功能一般会在下一版方案中得到保留。

第四顶帽子：绿帽子。

不少人也把它称为翡翠帽子。当所有人戴上翡翠帽子时，大家就能开始各抒己见，有针对性地提出建设性方案。比如，针对"骑起来太重"的问题，新一代共享单车的解决方案是镂空式轮胎，既轻又不用打气维护，还能节省不少橡胶材料的成本；而针对"二维码总是被破坏、扫不出来"的问题，新一代共享单车的蓝牙锁就较好地规避了该问题，尽管依旧存在一定概率的蓝牙触发问题；至于车轮到底该使用钢丝还是粗大轮毂，目前还没分出胜负，因为钢丝的确会在开锁时导致卡死，需要手动干预，粗大轮毂则能减少卡死的概率。

第五顶帽子：红帽子。

该步骤比较简单，是让所有与会人员凭直觉判断哪个改善建议要做，哪个改善建议不做。当然，这时的判断结果也仅仅为项目负责人决策提供参考。毕竟，真正的决策高手，是和大多数人讨论，听少数人的建议，一个人做决策。

第六顶帽子：蓝帽子。

蓝色代表理性，也就是一次总结陈述，也是这场"找对问题,做对决策"会议的会议纪要。人类的大脑是处理器,不是存储器。蓝帽子要求把结论性建议存储下来,作为会议产出的结果,成为后续行动的依据之一。

"六顶思考帽"会议的过程是一个倾听的过程,项目负责人应当尽可能客观地记录与会者在不同视角下贡献的智慧,而不是在某些建议或方案被提出后去否定它,因为否定会限制参会者的思维,不利于大家贡献出更多可能有效的建议。

思考+表达=高效能会议组织者

过去,一场会议之所以效率不高往往是因为以下几个原因:

会议前,由于参会人员来自不同部门,信息并不同步,光共享信息就要花费不少时间。

会议中,讨论问题时可能只牵涉到其中的几个人,其他参会者就只能干等着。

会议后,回溯会议信息,整理会议纪要,又要花费不少功夫。

那么,在移动互联网时代,是否有一种方法可以在这三个环节同时提升效率呢?

答案是肯定的。使用一些高效协同工具,让参会人员在会议第一阶段阅读思考，评论发言；在第二阶段讨论方案，那么一场原本两个小时才能开完的会很可能被压缩到1个小时。

具体的做法可以是这样的：

首先，当与会人员都抵达会议室后，将在线共享文档发到当天的会议工作群中，而不是只发一个PPT。

然后，在会议的第一阶段，让所有人花费15～20分钟的时间通读文档，并在自己觉得有疑问的地方进行评论。由于文档是一种撰写者进行结构化梳理的呈现方式，所以其同步信息的效率要比口头讲述更高。而且，当一位同事针对某段文字进行评论时，相关负责的同事立刻就能看到，可以马上针对评论中的问题给予解答。

接着，在会议的第二阶段，会议组织者就会邀请与所有被评论过的问题相关的人员进行讨论，只有当大家都得到了满意的解决方案后，议题才可以从这一条评论进入下一条。当然，这些已经被解决或者被安排为待办事项的内容也都很容易在历史评论中找到。这样就大大地缩短了会议后整理会议纪要的时间。

这种移动互联网利用在线文档来进行开会的方式之所以高效，主要有以下三个原因。

第一，集思广益。每个人的专业不同，关注点也不同。第一阶段里阅读文档时，大家从不同角度的思考和评论能让潜在问题显性化。而且，在文档上做评论不会有当众发言的心理成本，所以参会人员也更愿意把自己不明白的地方通过文字评论的方式写出来。

第二，缜密思考。由于大家都在使用文字输入，这种"写下来"的方式，会让解答文字或提出的解决方案比口头的表述更审慎。而且就算发现自己一开始写得不够缜密，也能把文字删除，重新组织语言，再表达出来。

第三，同步操作。在传统的会议中，一来一回的言语沟通是线性的，同一时空中只能存在一个声音，否则就听不清楚。但在文档中交流，很可能10~20个评论与解答都在同时进行。所以可以想象，往往用不到20分钟的时间，就可以解决以往需要1~2小时才能解决的问题。

第四，第一阶段结束后，第二阶段的言语沟通就相当于是对文档中已有探讨的内容的审核，所以在解决方案的可靠度上，也会比传统会议模式更高。

除此之外，很多在线文档工具可以配合移动通信软件随时进行分享，这样能向被讨论、牵涉到的非在场人员及时同步会议内容，甚至也可以在线解答。这是很多传统会议"要等到会后才能确认"无法比拟的。

事实上,以上这套高度集成"思考+表达"的高效在线会议已经在国内知名企业里流行了一段时间,成了提升这些公司人效(人均产出效益)的重要手段。

激励：如何激发别人的善意

激励的本质是"获得动力"，让人有持续努力的动力。

正如管理大师彼得·德鲁克所说："所谓管理，就是激发他人心中的善意。"正因这份善意，人们就有动力与我们配合，让彼此的行动往共赢的方向发展。

那么，到底要怎么做，我们才能通过有效的激励去激发别人心中的善意呢？

本节将与你分享三种面对不同对象的激励技巧，分别帮助你在与下级、平级和上级的降维沟通过程中都能以不同的方式激发出他们心中的善意。

技巧一：感知+表达=做先获我心的平级

在工作当中，如果有一个人，并非你的领导，却以责问的口气和你说话，你会如何反应？很多人会本能地怼回去，就算职业涵养较好的职场人士也会感到不快，恨不得立刻结束眼下的对话。

为什么？因为人都是有情绪的，没人喜欢听到"责问的口气"，尤其当对方与你只是平级关系时。这么做，无异于是在愤怒的底线前疯狂试探，显然是一种"让人性中的魔鬼跳舞，让人性中的天使睡觉"的行为。

可是，如果对方懂得激励平级的技巧，这又将是一番怎样的情景呢？

让我们来做一个思想实验。假设你发现对接部门一个链接提交错了，你截图把错误的地方发给对方，甚至已经打算将一句诘难"你们自己难道都不检查的吗"打在对话框里了。没想到，这时对方既没有找任何借口，也没有假装没看见，而是马上回复道："真是太感谢您了！还好您及时发现，否则客户看到就有大麻烦了。"是的，对方已经把你想要说的话都给说出来了。

此时，你原本计划发送的诘难之语是不是有些难以启齿？你会不会感受到一种无形的力量在驱使你狂按"退回键"，删除原本严厉苛刻的语句，同时只能表示认同，说上一句："对，是的，还请赶紧调整一下吧。"

可是，为什么会这样？答案是，对方在刚才电光石火的一瞬间成功地激发出了你的"善意"。

是的，对方仿佛是你肚子里的蛔虫，先你一步把你心里想的话说出来的技巧就是所谓的"先获我心"。正是这种"先获我心"的方法,成功地让你人性中的"天使"跑出来跳舞,让你忍不住体谅对方。

要想习得"先获我心"的技巧,下面三个步骤是必不可少的。

第一步:甩开立场的包袱。由于人类底层心理中存在着"一致性",即人们为了使得内心和谐自洽,会产生维护自己原本立场的内部动力。因此,只有刻意设法甩开立场的包袱,才能让你摆脱"一致性"心理的左右,不让情绪影响到当下的行为。

第二步:养成换位感知的习惯。用同理心与对方换位感知的技巧需要反复练习,当你能把它内化成一种遇事时就立刻换位感知的应激反应,你就极有可能在第一时间体察到对方的想法或者内心感受。

第三步:先人一步讲出对方想说的话。在明确感知到对方的想法或内心感受后,你一定要抓紧时间,在他人表态之前,率先把对方要说的话表达出来,让别人真实地感受到你的诚意。

你看,与平级沟通要用诚意。尽管不好的事情已经发生了,但以上三个步骤立刻就让你与平级同事站到了同一侧,从原本可能的对抗状态,切换成一起解决问题的合作立场。

技巧二：观察+感知=做懂得感恩的下级

上司与下属的地位虽然天然不"平等"，但这样的格局并不妨碍我们激发上级领导的善意，具体的步骤可以分为两步。

第一步：通过观察领导的处事风格，判断其是否值得跟随。

"良禽择木而栖"，如今的职场，每个人选择的余地越来越大。所以，当领导观察你的时候，你也可以反过来观察领导，如果你发现一个领导符合如下三个标准，请务必珍惜这样的领导。

第一，能帮你克服恐惧，获得成长。通常，能做到这一点的领导都有成就他人的信念和价值取向，他们总能在你遇到瓶颈时推你一把，帮助你走出舒适区，开启一种全新的工作体验。有些领导甚至还会在鼓励你的同时，暗中匹配资源助你成事。

第二，能将人视为人，注重你的感受。普通的领导把员工当作没有感情的工具，他们的眼中只有一件件具体的"事"，认为做成事情就大功告成；而优秀的领导则视员工为人，在他们眼中，管理是通过"人"解决"事"，从而得到结果，所以，"人"的优先级高于"事"。这样的领导往往更懂得解决员工的情绪问题，再通过"人"来着手解决具体事务中的棘手问题。

第三，能不断地迭代自己，努力进步。拥有这类特质的优秀领导很可能已经进入"身份层"了。由于他们对未来目标明确，这类领导往往对自己有严苛的要求，跟随他们的步伐，你也可以获得积极的影响，有长足的进步。

第二步：用感恩心态把领导视作恩师。

你可能会认为，倘若领导对我有恩，我自然会把领导视为恩师；但如果领导没有"施恩"于我，难道我也要先这样做吗？

是的，因为与上级沟通要靠胆识。而当你用感恩的心态与领导互动时，你会发现自己变换了视角。此时，来自领导的批评和责骂，就变成了与自己心理距离更近的体现，这就让你在客观上拥有了与上级沟通的胆识。所以，当你开始用感恩心态与自己的上司进行互动时，就更容易看到对方的"好"，情绪会更趋于稳定，自己与上司的沟通压力也变得没有以往那么大了。

在这种心态的加持下，一切都变得自然而然，与领导的沟通会获得有建设性的反馈，可以促成业务向积极的方向推进，成事的概率也会提高，领导会更器重你，信任关系也会逐渐加强。彼此的信任感越来越强后，你与领导之间的沟通与协作就会变得更有默契，自然能推进更多、更好的结果了。

于是，一个正向的增强回路就会形成。一旦你们彼此走上了这条增强回路，你与领导就在真正意义上成了恩师与徒弟的关系，领导也能给你更多经验和洞见上的恩惠，为你不断带来职业生涯上的成长。

因此，你把优秀的领导看成恩师，领导就会对你施恩。

技巧三：感知+表达=做为下属出头的上级

总有一天，你很可能也会走上领导岗。但所谓领导力并不是权力，而是一种让别人追随你的能力。所以，为了获得追随力，你更需要学会如何去激发下级员工的善意。

对待下级要用心，比如顺丰速运的总裁王卫，就是这方面的高手。你知道他是怎样激发顺丰员工善意的吗？

2016年4月17日，一位顺丰快递员在骑三轮车送货时，和一辆黑色小轿车发生了轻微碰撞。按理说这是一起再普通不过的事故，该走保险流程走流程，该道歉赔偿就赔偿，很容易解决。但万万没想到，黑色轿车的驾驶员下车后居然抽了快递员五次耳光，而且一边动手，一边还狷狂地辱骂。

你猜顺丰速运总裁王卫如何在社交网络上公开评价这件事？王卫在朋友圈里立下誓言："我王卫向着所有的朋友声明！如果我这事不追究到底，我不配做顺丰总裁！"

你看，这样的"霸道"总裁多有担当，这样的公开表达多用心！我们说，领导力等于追随力，无论是这位快递员，还是其他围观事件的顺丰员工，看到公司最高领导能为基层员工如此做主、出头，心中定会升起感恩之情，也就激发了一种想要好好为公司尽心尽责的善意。

事情还没完。除了打人的车主最后被处以十天拘留惩罚外，2017年2月24日，顺丰控股在深交所上市时，总裁王卫还带着这位受过委屈的快递员一起去上市敲钟，让员工体验公司的荣耀时刻。这种举动，不仅向公司和社会传递了顺丰维护自己员工的决心，还形成了让所有人拍手叫好、点赞称快的好口碑。

当然，你虽然不是"霸道"总裁，但在自己的BVR系统中深深根植为员工出头的信念，在未来，你也可以成为一个让员工产生安全感和依赖感的领导。这样的你，当然可以激发员工的善意，收获追随力，获得领导力。

今天你为员工出头，明天员工为你战斗！

批评：如何让人提升

每个人都受到过批评。小时候在家里被父母批评；在学校可能被老师批评；成年后走上了工作岗位，或多或少也会被领导批评。批评通常发生在做错事情之后，是别人希望我们能有所改正而给我们的反馈。因此，批评的本质，实际上是批评者让被批评者获得某种能力。

尽管在绝大多数情况下，批评的出发点都是善意的，但如果批评的方式不对，往往会事与愿违。被批评者不接受，给出批评反馈的人也没有达到目的，就陷入了双输的局面。

为了避免双输，真正地让别人改变自己，我们要学会做一个"优秀"的批评施与方，在批评前、中、后运用不同的技巧，来实现让他人"获得能力"的目标。

批评前：观察+感知=做有效批评的控制者

你可能听过一种批评理论叫作：公开表扬，私下批评。但很多人知其然，却不知其所以然。因为在公司里看到不少当众批评属下的领导，好像效果也不错。所以，你甚至会怀疑这种批评理论是否脱离实际，仅仅只是一个理论。

事实上，如果你仔细观察，有经验的领导其实会对不同人采用不同的方式。他们经常当众批评的往往是那些嬉皮笑脸、大大咧咧的孔雀型下属。为什么？因为孔雀型皮糙肉厚、没心没肺，不太会往心里去。但如果你让他去当众批评一个猫头鹰型或者老虎型下属试试，说不定几句话就把"猫头鹰"骂得一言不发，静默退席；把"老虎"批评到当场发作，升级成辩论现场。这样一来，批评让人变好、获得能力的效果全无，还会令自己无法收场。

那么，如何才能为有效批评创造条件呢？答案是，你需要在批评前做好三个准备。

准备一：控制批评的场景。

批评前，请务必挑选一个一对一的场景。因为只有在一对一的场景中，大多数被批评者心里才会有安全感，这种安全感可以让他更轻易地接受来自你的反馈，且不会把注意力分散到保留脸面这件事上。而且，在一对一的场景中，没有第三方的存在，更有利于双方把事情的原委全部摊在桌面上，坦诚沟通。

具体的地点是有选择余地的。如果你的风格比较正式，可以预约某个会议室。如果你不习惯那么中规中矩的对话，也可以相约一起午餐。但是请注意，彼此的座位也是有一定讲究的，请不要面对面坐着，这样会产生强烈的对抗感。也尽量避免肩并肩，因为这更像朋友之间互诉衷肠，最好选择一个两人视线呈90度夹角的座位，这样更有利于创造出适合批评场景的心理距离。

准备二：控制批评的时机。

如果你是被批评者，领导某一天突然发难，约了个会议室对你单独进行批评，批评时还不忘翻出一些陈年旧账，此时，你会作何感想？对，你不会觉得他是想通过批评让你改正行为，更会觉得这是一种"清算"，或者领导可能在宣泄情绪。

所以，让我们再换回批评者的角色。既然我们批评他人的目的是想要帮对方获得某种能力，就应该在错误发生不久的时候进行及时反馈。这样被批评者才能感觉自己被指导了，而不是变成了被发泄或清算的对象。

准备三：控制批评的时间。

你是否听过一个故事？据说，马克·吐温去听一位募捐者演讲，刚开始觉得对方说得很有道理，准备演讲结束后捐款10美元。5分钟过后，募捐者还在讲，马克·吐温感到不快，决定一会儿捐2美元就行了。结果这位募捐者说上瘾了，最后结束时，这位美国大作家非但分文未捐，还从盘子里拿走了2美元。

这就是心理学里的超限效应,是由于刺激过多或者刺激时间过长而产生的心理逆反现象。所以,无论你计划批评的对象是下属还是你的孩子,请务必控制好批评的时间,毕竟,车轱辘话反复说会让被批评者心生烦躁,也达不到令对方获得能力的结果。

批评中:倾听+提问=做通透的赋能者

在批评前做好充足准备就够了吗?答案当然是否定的。在批评的过程中,想要赋能批评对象,我们也要遵循两个原则。

原则一:就问题或错误达成一致。

你是否听过"颜回窃食"的故事?颜回是孔子最赏识的学生。一次,孔子和他的门徒几天没有饭吃,颜回好不容易讨来一锅大米,负责烧饭。开始烧饭没多久,就有人到孔子跟前打颜回的小报告,说这位大师兄顾不上伦理道德,偷吃了米饭,孔子当然不信。又过了一小会儿,另一位弟子前来告状。眼看就要"三人成虎",孔子决定亲自前往厨房,一看究竟。

不看则已,一看心凉。只见自己最信任的弟子竟然大口嚼着米饭,连手指上都沾着饭粒。面对此情此景,如果你是孔子,你会怎么做?

孔子选择默不作声地坐了回去。没一会儿,颜回捧着一锅饭出来了。问及此事，颜回说："大家快吃吧，我已经吃过了。刚才炭灰掉落到了饭上，扔了太浪费，我就把那些有灰的先吃了。"

就像我们前面说的，对待下级要用心，要懂得倾听。即使出现了"问题"，也不能盲目相信我们看到的片面现象，不加以二次确认，不与下属对错误问题达成一致，就开始批评教育，不仅有可能让下属觉得委屈，而且他人得知真相后，还会认为你很武断。

原则二：通过提问，让他人自己得出结论。

一天，培训部小A突然接到一位老师的电话，因天气原因，老师的飞机延误无法抵达次日早上的培训会现场。小A立刻与同组成员商量，最后讨论出使用现场播放该老师往期录播课的方案。事后，培训部总监收到投诉，才得知培训过程中发生了这样的事。

如果你是培训总监，你会怎么批评小A，使其改进工作呢？我把提问话术写在这里，供你参考：

第一个问题："关于老师飞机延误无法抵达培训会会场的事件，我对你的处理方式不太满意，你能和我说说当时的情况吗？"这么问的好处有两个：第一，旗帜鲜明地表明你的立场；第二，让对方把所有细节和盘托出，避免遗漏关键信息。

第二个问题："你自己怎么看待这件事情呢？"这个问题之

所以重要，是因为可以让小A自己阐述观点，罗列事实，这样可以更清楚地了解他在整件事情中采取过哪些措施，产生过什么样的心态？

第三个问题："除了你实施的解决方案，还有什么其他的方案吗？"这是一个开放性问题，帮助对方打开思路，从原来的局限中跳出来。

最终，小A承认，他应该在与同组成员讨论出解决方案后，给领导打个电话先报备一下。这样一来，领导可以提前和受培训方负责人打一声招呼，一方面可以事先预警、降低期待、安抚情绪；另一方面，或许领导还能和对方商议出更有效的解决方案。

批评后：提问+表达=做好行为的塑造者

批评结束后，我们的工作并没有结束。正如之前说的，批评的本质是让被批评者获得能力，而能力的外显则是行为。所以，我们的最终目的是通过批评，让对方培养出外显的好行为，这样我们才是真正地从赋能者进化成好行为的塑造者。

那如何才能让好行为外显呢？

第一，约定具体行动。批评最后要落实到行动上。如上述案例里小A的解决方案给培训部带来了不好的口碑，为了弥补，培训总监可以提问:"现在,为了挽回我们的声誉,你建议我们怎么做?"小A可能会想出一些行动方案,比如,当面与对方负责人赔礼道歉,把相应突发情况的预案更新进培训部SOP(标准操作流程),等等。

第二,先进后退策略。有SOP可依和有SOP必依是两回事。为了让SOP能被有效地落实,还需要被批评者去培训其他员工。而为了让该培训能更有效地落实,培训总监可以这样说:"原本造成了这种不良后果,上半年的绩效是会受到影响的(先进一步),所以,我希望你在后续制定新SOP和培训我们部门同事这件事情上能做好、做实(再退一步)。"这样表达的好处是,话没说死,给对方留下希望,促使被批评者有更强的动机去落实行动。

一轮行动落实下来,不仅可以塑造更好的行为,被批评者也必定会在此过程中获得历练。

演讲：如何进行一次成功的公开演讲

这一节是本书的最后一节，我来和你聊聊公开演讲。

为什么我要把"演讲"放在本书的最后来讲呢？因为一场公开演讲会接触到很多人，有一定的概率会对你产生深远的影响，可能是你人生起飞的契机。如果做好了某场演讲，你会在全场发光，甚至可能让在场的贵人记住你，想要联系你，与你合作，一起去实现某个共赢的目标。

那么，演讲的本质是什么呢？作为一种在公众场合的语言活动，演讲主要针对某个具体问题，旗帜鲜明地发表自己的主张见解，阐明事理或抒发情感。所以，演讲的本质是"获得连接"，让你的听众和你紧密地连接在一起，认同你、喜爱你、支持你。

如何做好一次公开演讲？下面我将从三个方面为你讲解快速地提升演讲能力的关键。

关键一：观察+表达=结构化内容的表达者

一个好的演讲者，在进行任何一场演讲之前，一定不会闭门造车，而是遵循如下三个步骤。

第一步：厘清演讲的目标是什么。

任何一场演讲都应该有明确的目标。比如竞聘演讲是为了让在场的领导了解你目前的能力足以胜任更高等级的岗位；产品路演的演讲，目的是让更多人知道新产品的好处，让人想要购买，甚至在直播间里做一场知识直播的目的也很明确，是希望被更多人认同，转而成为你的粉丝。所以，在任何一场演讲开始之前，必须先厘清我们为什么要讲。

第二步：观察演讲的受众是谁。

搞清楚了为什么，下一步就要明确为谁而讲。每个群体的认知层次都不一样，你在一个厂区班组长大会上演讲过于前沿的内容就很不合适，因为他们很可能听不懂。一些有经验的演讲者会在演讲前向主办方索取参会人员名单，以便在整体演讲过程中调整内容或语言风格。

第三步：设计好演讲的结构化表达。

任何一个可复制的演讲都是有套路可遵循的，下面我将为你介绍三类常见演讲套路。

套路一:"感过祝"结构。

适用于大家会聚一堂,临时被点名上场发言的场景。比如,婚礼上,你被主持人邀请上台演讲,就可以使用"感过祝"结构,表达自己对新人的祝福。

感:感谢主持人邀请我上场,让我有这个机会当着各位亲朋好友的面,送上我最诚挚的祝福。

过:过去,我是新郎最好的朋友,我们从初中就认识了,可以说,我是与新郎一起长大的。当然,我也见证了新郎与新娘从相识到相守的整个过程。

祝:在今天这个喜庆的日子里,我祝福我最好的兄弟和他的爱人能永远幸福,永浴爱河。

普通人临时被点名上场时是晕乎乎的,但只要你的心里有"感过祝"结构,按照结构来表达,这个简短的演讲就会十分得体。

套路二:"时间轴"结构。

一个完整的时间轴是指"过去—现在—未来",适用于简短而有力的鼓舞人心的演讲。历史上最著名的时间轴结构演讲的案例要数美国前总统亚伯拉罕·林肯的《葛底斯堡演说》。

过去：87年前，我们的先辈们在这片大陆上建立了一个新的国度……

现在：现在，我们正在进行一场伟大的内战，以考验这个国家……

未来：我们今天所说的话，很少会被人留意或铭记，但是勇士们在这里所做的一切，必将永不磨灭……

套路三："认知之旅"结构。

适用于向听众传达知识干货。"认知之旅"是一种相对复杂的套路，它包括一个挑战、认知起点、认知终点、感性素材、结论模型、应用场景和行动建议七个部分。我们以向别人分享"人类动机"模型为例。

一个挑战：普通人很难养成早起习惯。

认知起点：要有很强的意志力，逼自己早起。

认知终点：学会"人类动机"模型，构建早起动机。

感性素材：为什么你赶飞机就可以早起，因为怕耽误登机。

结论模型：

B=MAT，即行为=动机 × 能力 × 出发。

应用场景：晚上玩游戏会被爱人唠叨，但早起玩游戏时爱人还在睡觉。

行动建议：不如先以"早起可以玩游戏"作为动力机制，培养自己的早起习惯，待习惯养成后，再把"早起玩游戏"，替换为"早起读书学习"。

你看，通过以上七个步骤，你不仅把一个模型说清楚了，而且还能令听众完成一次认知之旅，赢得他们的认同甚至喜爱。

关键二：感知+表达=感性素材的讲述者

结构是演讲的骨架，不过，一场演讲光有结构显然是不够的，我们还需要收集一些有趣的素材作为演讲的血肉，让我们的演讲更有温度。这些素材可以是三类故事。

第一类，自己的故事。由于是亲身经历，所以在讲述的时候能还原出很多细节，让人有身临其境的感觉，这就能迅速地让听众感知到温度，拉近彼此的心理距离，获得连接。

比如我在做《了不起的自驱力》读书会的演讲时，向家长分享"千万别见不得孩子空闲下来"的观点。我就举了自己小时候父亲给我30元钱买文具的例子。他允许我保留剩下的钱，这就给了我很大的正诱因去合理消费，省下了三分之二的钱，并且让我从此有了管理金钱的意识。所以，家长如果能给孩子一个小时，只要孩子在此期间高质量完成作业，剩下的时间他可以自己安排，他就有可能戒掉磨磨蹭蹭的毛病，从而学会高效使用时间。

第二类，名人的故事。由于名人知名度高，分享名人故事能迅速地抓住人们的注意力，通过名人故事中的关键要素来佐证你的观点，从而让你想要分享的内容更有说服力。

第三类，有趣的故事。人类的大脑天然喜爱有趣的事物，因此，如果你在一场演讲中加入有趣的故事，必然能为演讲增添光彩。

比如一位讲师在讲述"君子报仇二十年不晚"的观点时，引用了一个有趣的故事。

两位英国老太太于20年前产生了纠纷。薇薇安想在自家大院里盖新房，可凯莉一家却联合邻居反对——因为若新房建起来，凯莉家窗外的视野就被挡住了。为此，两家闹上了法庭。最终，薇薇安被判不得建新房。可薇薇安从法庭回来后，默默地在两家大院交界处种了一排树苗。15年后，由于这类树种生长速度很快，小树苗变成了高二三十米的树墙。

当20年后两家再次对簿公堂时，薇薇安胜诉而归，脸上挂满笑容。她在20年前败诉回来后就赢了，而凯莉一家需要等很久才知道他们早就输了。更何况，薇薇安知道自己20年后必胜，每天有胜利相伴，一定也有快乐相伴。

关键三：思考+表达=内涵主题的升华者

除了结构化的演讲框架与感性的素材，一场演讲最后还需要画龙点睛，给演讲一个完满的收场。因此，想要先求胜后求战，在准备演讲的结尾时，也有两类套路可供借鉴。

第一类：金句升华结尾。

可以结合我们之前讲的几类金句范式，用金句起到升华主题的作用，给受众回味无穷的感受。

比如，呼吁他人立即行动起来的演讲最后可以说："种一棵树最好的时间是十年前，其次是现在。"

又如，在面向父母们做家庭教育类的演讲时，最后可以这样结尾："最好的教育不是注满一桶水，而是点燃一把火。"

第二类：祝福。

这类收尾既像总结，又像是让听众收获一个心灵小甜点。

比如，导演斯皮尔伯格在2016年哈佛大学毕业演讲时的收尾：

"最后，我祝大家都有一个好莱坞式的大团圆结局。祝你们能跑过暴龙、抓住罪犯，为了你们的父母，别忘了像E.T.那样常回家看看。谢谢。"

又如，这本书马上就要结束了。

所以最后，我也想对你说：

"恭喜你！完成了六大维度和九大场景的修炼。

"祝福你！成为一个降维沟通者，从此多一个认知维度，多一层沟通优势。"

后记

本书到这里告一段落了。到目前为止，我的"50本书计划"完成率为14%，前方还有86%的进度条等待我去践行。

我猜你很难相信，在30岁以前，我也曾是一个丝毫不讲沟通技巧的人。彼时，我虽然被认为个人能力很强，但由于沟通技巧的匮乏，很难调动身边资源去实现更多更美好的结果。

所以，这些年，我通过阅读与践行，在网上发表了不少与沟通相关的文章，与很多人在降维沟通这个话题上共同切磋成长。他们既是我沟通能力不断升维的见证，也是我期望与沟通爱好者连接的邀请。

与此同时，我也很高兴你能读到这里，因为阅读本身就是一种很好的策略。这种策略能在潜移默化中洗涤你的灵魂，润物细无声地让你成为更好的自己。因此，我也希望，如果你觉得本书对你有所启发，你也能在诸如豆瓣、小红书、抖音等平台，把你自己的阅读感悟通过落笔或任何其他形式进行输出，作为你在沟通这件事情上不断升维的见证，说不定也有可能获得与贵人的连接。

另外,我想特别感谢编辑的邀请,将我多年在沟通方面的积淀梳理成为这本书,没有您的帮助,本书也无法高效地呈现在所有沟通修炼者的手上。

请允许我感谢我的爱人王怡女士和儿子何昊伦小朋友,还有我的前领导秦诗慧、谈震明、杨红春、孙鹏、王晓燕、张凯,是你们在降维沟通方面给了我许多启示和践行的机会,感谢你们!同时,也希望12岁的何昊伦小朋友能更早地在降维沟通这件事情上觉醒,有策略地成为更好的自己。

最后,请让我再次送上对你的祝福:通过本书的交流只是我们彼此成就的开始,因为人生所有的修炼都只为在更高的地方遇见你。我们下一本书再见!

参考文献

[1]爱德华·L.德西,理查德·弗拉斯特.内在动机[M].王正林,译.北京:机械工业出版社,2020.

[2]爱德华·德博诺.六顶思考帽[M].马睿,译.北京:中信出版集团,2016.

[3]安·德鲁扬.宇宙2:万物从何而来[M].青年天文教师连线,译.北京:北京联合出版公司,2020.

[4]奥赞·瓦罗尔.像火箭科学家一样思考[M].李文远,译.北京:北京联合出版公司,2020.

[5]芭芭拉·明托.金字塔原理[M].汪洱,高愉,译.海口:南海出版公司,2019.

[6]查尔斯·都希格.习惯的力量[M].吴奕俊,陈丽丽,曹烨,译.北京:中信出版集团,2017.

[7]丹尼尔·戈尔曼.情商[M].杨春晓,译.北京:中信出版社集团,2010.

[8]达纳·卡斯帕森.解决冲突的关键技巧[M].王丽,

译．北京：九州出版社，2016．

［9］得到App．得到品控手册（第七版）［M］．北京：新星出版社，2021．

［10］姜振宇．微反应［M］．北京：中国友谊出版公司，2020．

［11］J．C．卡尔森．像间谍一样思考［M］．程波，高昂，译．北京：中信出版社，2013．

［12］科里·帕特森等．关键对话［M］．毕崇毅，译．北京：机械工业出版社，2012．

［13］戴尔·卡耐基．人性的弱点［M］．林杰，译．北京：北京联合出版公司，2015．

［14］郎世荣．微动作［M］．南昌：百花洲文艺出版社，2013．

［15］李新．幽默感［M］．北京：中信出版集团，2020．

［16］吕白．人人都能学会的刷屏文案写作技巧［M］．北京：中信出版集团，2019．

［17］刘润．每个人的商学院［M］．北京：中信出版集团，2019．

［18］罗恩·黑尔-埃文斯．思维黑客［M］．马楠，译．北京：机械工业出版社，2020．

［19］罗伯特·西奥迪尼．影响力（全新升级版）［M］，闾

佳,译.北京:北京联合出版公司,2021.

[20]美国卡耐基训练机构.倾听[M].周芳芳,译.北京:中信出版集团,2020.

[21]马歇尔·卢森堡.非暴力沟通(修订版)[M].刘轶,译.北京:华夏出版社,2021.

[22]奇普·希思,丹·希思.让创意更有黏性[M].姜奕晖,译.北京:中信出版集团,2014.

[23]奇普·希思,丹·希思.行为设计学[M].靳婷婷,译.北京:中信出版集团,2018.

[24]孙路弘.说话的力量[M].杭州:浙江人民出版社,2013.

[25]斯图尔特·戴蒙德.沃顿商学院最受欢迎的谈判课[M].杨晓红,李升炜,王蕾,译.北京:中信出版社,2018.

[26]脱不花.沟通的方法[M].北京:新星出版社,2021.

[27]吴军.见识[M].北京:中信出版集团,2018.

[28]喻颖正.人生算法[M].北京:中信出版集团,2020.

[29]有田秀穗.减压脑科学[M].陈梓萱,译.北京:国际文化出版公司,2021.

[30]詹姆斯·克劳森.权力与领导[M].马昕,译.北京:民主与建设出版社,2019.

[31]张巍.逻辑表达[M].杭州:浙江大学出版社,2020.